Robert Schreiber

# Marillen für den Hausgarten

# Inhalt

# Vorwort

## Die Marille – Augenweide und kulinarischer Genuss

Ein Marillenbaum sollte in keinem Garten fehlen. Marillen entwickeln ihren intensiven, würzigen Geschmack erst, wenn sie bis zur Vollreife am Baum hängen dürfen. So reif und saftig sind die Früchte aber nicht mehr lager- und transportfähig. Daher sind vollreife, aromatische Marillen ein Genuss, den man sich selbst kultivieren muss.

Da ein Großteil der im Handel erhältlichen Marillen aus südlichen Ländern stammt, setzt man mit dem Pflanzen eines Marillenbaumes einen ersten Schritt zum Klimaschutz. Und weil bei Sorten im eigenen Garten die Transportfähigkeit kein Entscheidungskriterium ist, kann man eine der vielen alten Sorten pflanzen, die aufgrund ihrer Saftigkeit im Erwerbsanbau nicht mehr verwendet werden, und damit zur Erhaltung der Sortenvielfalt beitragen.

Marillen zählen zu einer der ersten blühenden Obstarten und stellen so zeitig im Frühjahr regelrecht eine Insekten- und Bienenweide dar. Dieses Buch soll wieder Lust am Pflanzen von Marillenbäumen machen und durch Pflegetipps – wie richtige Standortwahl, Erziehung, Schnitt, Sorten, Unterlagen und Baumhygiene – lange damit Freude bereiten.

Mit der richtigen Baumform findet ein Marillenbaum selbst in kleinen Gärten seinen Platz – und dem unvergleichlichen Genuss steht nichts mehr im Weg!

Robert Schreiber
Poysdorf, im Februar 2008

# Kleine Kulturgeschichte der Marille

Die Marille hat einen langen geografischen Weg bis zu uns hinter sich gebracht. Neben der berühmten „Wachauer Marille" wird die Frucht in großen Teilen der Erde in verschiedenen Sorten kultiviert. Heimisch ist sie vor allem auch im Mittelmeerraum geworden. Die sagenumwobene Wirkung der Marille auf Körper und Geist ist jedoch weit über die europäischen Grenzen hinaus bekannt.

# Herkunft und Verbreitung

Columella (um 60 v. Chr.) erwähnte die Marille erstmals unter dem Namen „Armenischer Apfel", weshalb Linné im Jahre 1737 den Ursprung der Frucht auch in Armenien vermutete. Doch der Botaniker ließ sich vom botanischen Namen *Prunus armeniaca* oder auch *malum Armeniacum* allzu sehr in die Irre führen.

Diese Fehleinschätzung klärte sich erst im 19. Jahrhundert auf, als Botaniker das ganze Land nach Wildsorten absuchten und erfolglos wieder nach Hause fahren mussten. Denn das vermeintliche Ursprungsland Armenien kam erst in den Genuss von Marillen, nachdem diese 3000 Jahre lang Zentralasien durchwandert hatten. Als Urheimat der Marille entpuppte sich mit der Zeit China, genauer gesagt Nordostchina nahe der Grenze zu Russland. Vor allem in den Bergen um Peking fanden Botaniker wie Brettschneider und Roxburgh erstmals verschiedene Wildarten. Zahlreiche dieser Sorten verbreiteten sich schließlich in alle Richtungen. Die Römer etwa siedelten die Frucht um 70 v. Chr. in ganz Europa an, während sie erst nach der Mitte des 1. Jahrhunderts nach Italien gelangte.

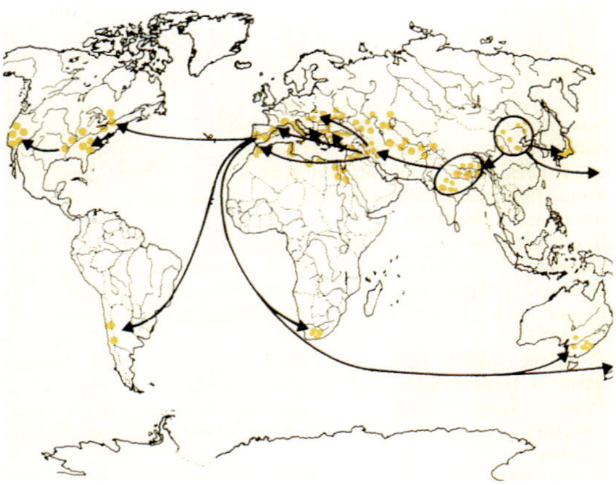

Verbreitungsgebiet der Marille

**DAS CHINESISCHE VOLK** pflegte und schätzte die Marille bereits zwischen 3000 und 2000 v. Chr. als festen Bestandteil seiner Ernährung. Der genaue Ursprung in Asien wird aufgrund eines Hinweises in einem dem chinesischen Kaiser Yu gewidmeten Buch in der Mandschurei vermutet.

**USBEKISTAN** gilt als das erste Gebiet, in welchem die Marillen angesiedelt wurden. Die Araber machten sie weiterhin im südlichen Mittelmeerraum heimisch, während die Römer und Griechen die Kultivierung in nördlichen Mittelmeergebieten forcierten.

**MARILLENBÄUME** fanden sich erstmals in China, heutzutage werden die nahrhaften Früchte jedoch viel mehr in Europa angebaut. Insbesondere die Bewohner der Mittelmeerstaaten, wie Italien und Spanien, können sich an diversen Marillensorten sozusagen an der Quelle erfreuen.

Neben den verschiedenen Wildarten der Marille haben sich im Laufe der Zeit weitere Sorten entwickelt. Die hohe Anpassungsfähigkeit der Frucht an verschiedene Klimabedingungen trug einen beachtlichen Teil zu der unkomplizierten, großflächigen Verbreitung bei.

# Von Maryln und Albicoccen

Die vielen Stationen, die die Marille auf der ganzen Erde durchlaufen hat, haben natürlich auch verschiedenste Bezeichnungen für die vielseitige Frucht entstehen lassen.

Im deutschen Sprachraum unterscheidet man mittlerweile grundsätzlich zwischen den beiden Begriffen „Marille" für Österreich, die Schweiz sowie Südtirol und Bayern und „Aprikose" für das restliche Deutschland.

**Das Wort „Marille"** ist vermutlich auf das italienische „armellino" (spanisch amarillo = gelb) zurückzuführen, welches seinen Ursprung wiederum im bereits erwähnten lateinischen Begriff „armeniaca" findet. Aus Bezeichnungen wie etwa „Amarellen" und „Morellen" ist schließlich die „Marille" entstanden.

## Die „Maryln"

In einer Briefsammlung des Starhembergischen Archives in der Nähe des oberösterreichischen Linz ist einer der ältesten Nachweise für die Verwendung des Begriffes „Marille" im Donaugebiet nachzulesen. Hier findet sich in einem Brief vom 23. Juli des Jahres 1509 erstmals die Bezeichnung „Maryln".

Dennoch ist die genaue Herkunft der typisch österreichischen Bezeichnung „Marille" nicht unumstritten. Der Wiener Pomologe Hugo Müller (1836–1929), der sich eingehend mit dem Phänomen des Namens beschäftigt hat, vermutete eine deutsche Abstammung hinter dem Begriff. Demzufolge wäre „Marille" auf die Wörter „mürb", „mehlig" bzw. „weich" zurückzuführen.

Morling, Morich, Möllelein oder auch Molleten sind die noch älteren Bezeichnungen des erstmals im 16. Jahrhundert verwendeten Begriffes „Marille". Diese können mit den Wörtern „mollig", „weich", „mürbe" oder auch mit dem althochdeutschen „molawen" und dem lateinischen „mollis" in Verbindung gebracht werden.

In Griechenland fand man die Bezeichnung „Mailon armeniacon" für die runde Frucht, was uns wiederum zum italienischen Namen „Armenilli" bzw. auch zum alten französischen „Armègne" führt.

**Die Aprikose** Die Römer nannten die wohlschmeckende Frucht jedoch aus gutem Grund „Praecocium". Diese Bezeichnung basiert nämlich auf dem lateinischen Adjektiv praecox, was so viel wie „frühreif" bedeutet.

Der italienische Name der Marille „Albicocco" sowie die spanische Bezeichnung „Albaricoque" und der französische Begriff „Abricot" weisen bereits auf den deutschen Namen „Aprikose" hin.

Die Veränderung von „Abri" zu „Apri", die sich im Deutschen, im Englischen und auch im Schwedischen ergeben hat, gründet nur teilweise auf lautlichen Motiven. Der Hauptgrund findet sich höchstwahrscheinlich in einer falschen Etymologie, in der das Wort auf das lateinische „apricus" – was so viel wie „sonnig" bedeutet – verweist.

# Europäische Anbaugebiete

Neben Italien und Spanien, die sich vor allem durch die klimatischen Bedingungen als gute Anbaugebiete für diverse Marillensorten erwiesen haben, ist die Marille auch abseits der Mittelmeerumgebung an bevorzugten Plätzen heimisch geworden.

**Die ungarische Tiefebene** hat sich aus etwas anderen als genießerischen Gründen als eines dieser Anbaugebiete hervorgetan. Erstmals überzogen in der Zeit der türkischen Herrschaft beträchtliche Marillenhaine die gesamte Gegend – nachdem sich die Türken wieder zurückgezogen hatten, verkamen die Plantagen jedoch innerhalb kurzer Zeit. Im 19. Jahrhundert wurde die Tiefebene ein weiteres Mal mit riesigen Obstfeldern bepflanzt.

In dieser Zeit zogen schwere Sandstürme über das Land und drohten, es unter einer einzigen Sandwüste zu begraben. Als Abwehrhilfe für den Sand bzw. zum Binden stellten sich alsbald Marillenbäume als äußerst geeignet heraus, da sie auch in sandigen Böden gedeihen können und zudem hitzeverträglich und nicht trockenempfindlich sind.

**Die Türkei** hat sich mittlerweile als einer der marktführenden Marillenproduzenten Europas hervorgetan. Das sogar weltweit größte Anbaugebiet findet sich in der osttürkischen – am Oberlauf des Euphrat gelegenen – Provinz Malatya. Neben dem Export frischer Früchte werden die Marillen hier vornehmlich entsteint und getrocknet. 95 Prozent der in Europa erhältlichen Marillen stammen aus der Türkei.

## Die Wachauer Marille

Auch in Gebieten, die nördlicher gelegen sind, finden sich geeignete Plätze für die Aufzucht von Marillenbäumen. Ein – vor allem in Österreich – berühmtes Beispiel hierfür ist die Wachau mit der sogenannten „Wachauer Marille". Die Wachau – mit ihren steilen Hängen – ist auch als Weinbaugebiet bekannt, der Marillenanbau erstreckt sich hingegen vor allem entlang der Donau. Der „Wachauer Marille" wird ein unvergleichlicher Geschmack nachgesagt. Dieser soll sich auch durch das Zusammentreffen verschiedener Klimate ausgeprägt haben: Das pannonische Klima des Waldviertels fügt sich harmonisch in die Einflüsse, die sich aus der Nähe zur Donau ergeben, ein. Die „Wachauer Marille" steht mit der „Geschützten Ursprungsbezeichnung" unter dem besonderen Schutz der EU.

# Mythos Marille

In manchen Teilen der Erde werden der Marille über ihren Geschmack und das Aroma hinaus wundersame Kräfte nachgesagt.

**In China** beispielsweise gilt die Marille seit langer Zeit als eine Art Symbol für ein junges Mädchen. Kinderlose Ehepaare können sich ihrer jedoch auch bedienen, um ihren Wunsch nach Nachwuchs auszudrücken. In der chinesischen Medizin gelten Marillenkerne als hilfreich gegen Husten und Asthma.

**Am Hindukusch** im pakistanischen Himalajagebiet lebt ein Bergvolk, bei dem auffällig viele Menschen 100 Jahre und älter werden. Weit über seine Grenzen bekannt ist der Hunza-Stamm für seine getrockneten Marillen, die ein wesentlicher Bestandteil seiner Nahrung sind. Noch heute findet man zur Marillenernte auf unzähligen Dächern der am Hang gelegenen Häuser die gelbroten Früchte in der Sonne zum Trocknen. Nicht nur getrocknete Marillen werden zu den verschiedensten Speisen und Anlässen gegessen, sondern auch das Innere der Kerne. Brot und Nüsse in Marillenkernöl getunkt ist ihr Naschersatz, die Haut schützen sie mit dem rasch einziehenden Kernöl vor den oft sehr rauen Klimabedingungen.

**In Japan** finden wir ein weiteres Beispiel einer für uns Europäer extravaganten Verwendung der Marille: die Umeboshi. „Umeboshi" setzt sich aus den Begriffen „Ume", was mit Pflaume übersetzt wird, und „boshi", was so viel wie „trocknen" heißt, zusammen.

Die Herstellung der Umeboshi gestaltet sich als sehr aufwendig: Nach ein bis zwei Monaten Milchsäuregärung werden die Früchte vier bis sieben Tage im Freien getrocknet. Die mittlerweile weißen Früchte werden danach mit roten Shiso-Blättern in den sogenannten Umeboshi-Sud, der während der Gärung entsteht, eingelegt. Nach einer weiteren Woche werden die Marillen zusammen mit Shiso-Blättern in Fässer geschichtet und so noch ein bis zwei Jahre gelagert. Das Endprodukt sieht rot und rund aus – was wahrscheinlich die falsche Verwendung des Begriffes erklärt.

Traditionellerweise werden in Japan jeden Morgen zwei dieser salzigen Marillen zum Tee eingenommen, da sie den Organismus stärken und vor schädlichen Einflüssen, ja sogar vor Krebs bewahren sollen. Nach dem Essen verzehrt wird ihnen eine verdauungsfördernde Wirkung nachgesagt.

Ein eingezäunter Garten in Japan

# Der beste Platz in meinem Garten

Selten schmecken Marillen so gut wie aus dem eigenen Garten. Vollreife, süße Früchte ernten zu können ist einer der größten Genüsse, die der Hausgarten zu bieten hat. Um sich möglichst regelmäßig an frischen Früchten erfreuen zu können und ein gesundes Baumwachstum zu fördern, kommt der Auswahl des richtigen Standortes für einen Marillenbaum besondere Bedeutung zu.

# Der Standort

Bezüglich ihres Standortes ist die Marille eher wählerisch. Sie bevorzugt leichte, durchlässige Böden in geschützter Lage. Der falsche Standort kann für Marillenbäume rasch den vorzeitigen Tod bringen.

Besonders an tiefen, feuchten und nebeligen Standorten kommt es aufgrund der Empfindlichkeit des Marillenbaumes gegenüber Bakterien, Pilzen und verschiedenen Holzkrankheiten verstärkt zum gefürchteten „Schlagtreffen der Marille" – das heißt einzelne Äste und in der Folge meist der ganze Baum werden plötzlich welk und sterben ab. Dieses Schlagtreffen ist für Marillenliebhaber ein leidigeres Problem als die ebenfalls gefürchteten Blütenfröste, da man nicht nur eine Ernte, sondern dabei den ganzen Baum verliert. Während ihrer Winterruhe sind Marillenbäume besonders frostfest. Ein im Herbst gut ausgereifter Marillenbaum verträgt tiefere Temperaturen als Mandeln, Pfirsiche und Nektarinen oder die Blütenanlagen der Birnen und so mancher Apfelsorten. Marillenbäume gehen aber im Vergleich mit den meisten anderen Obstsortenschon bei viel geringeren Temperaturen in Saft.

Nach der Kornelkirsche und der Mandel zählen sie zu den ersten blühenden Obstarten. Gehen Marillenblütenknospen durch warme Wintertemperaturen frühzeitig in Saft, schwindet ihre Frostfestigkeit sehr rasch. Da kalte Luft absinkt, sind tiefe Standorte deutlich frostgefährdeter als höher gelegene. Wenn man auch im eigenen Garten nicht immer den optimalen Marillenstandort vorfindet, kann man doch durch Berücksichtigung einiger Faktoren bessere Bedingungen für seinen Marillenbaum schaffen.

Eine Marillenpalmette ziert diese Stallwand.

# Das Klima

Das Klima umfasst Faktoren wie Besonnung, Temperatur, Niederschlag, Wind etc. Diese Aspekte lassen sich in jedem Garten nur sehr begrenzt beeinflussen. Im Bereich des Kleinklimas können für den Marillenbaum allerdings durch gezielte Standortwahl sehr wohl bessere klimatische Bedingungen geschaffen werden. Grundsätzlich mag die Marille Weinbauklima, und im Weinbauklima wiederum möglichst hohe Lagen.

## Besonnung

Lichtverhältnisse sind für das Wachstum und auch für die Qualität der Früchte eines Marillenbaumes von besonderer Bedeutung. Bei mehr Licht und entsprechenden Temperaturen ist nicht nur die Blühwilligkeit der Bäume größer, sondern auch die Fruchtqualität besser.

Durch geeignete Lichtverhältnisse wird die Blütenknospenqualität verbessert und auch die Frostfestigkeit der Pflanze verstärkt. Bei großkronigen Marillenbäumen kann im Bauminneren schnell zu wenig Licht vorhanden sein.

Die Baumform und die Schnittmethode sind so zu wählen, dass das Blattwerk und die Früchte auch im Bauminneren optimal belichtet werden. In hängigem Gelände kann man zusätzlich durch die Wahl der Hangneigung Einfluss auf die Lichtintensität nehmen.

**Der Südhang** ❧ Ein nach Süden exponierter Garten empfängt mehr Licht als ein nach Norden abfallendes Grundstück. Als Marillenliebhaber befindet man sich bei der Wahl der Hangneigung jedoch oft in einem Zwiespalt. So bringt ein Südhang besser gefärbte, aromatischere und süßere Früchte, die auch früher reifen. Andererseits schmilzt durch die intensive Sonneneinstrahlung der Schnee viel rascher, der Boden erwärmt sich stärker und die Bäume beginnen oft vorzeitig auszutreiben, was die Frostgefahr erhöht. Bei früh blühenden Marillensorten wirkt sich das besonders stark aus. In kühlen Gebieten bietet der Südhang oft die einzige Möglichkeit, auf erfolgreiche Art Marillen zu kultivieren.

An der Ostseite des Stammes kommt es gern zu Frostrissen.

**DER NORDHANG** ❧ An einem Nordhang treiben Marillenbäume bei Warmwettereinbrüchen im Winter deutlich später aus, was wiederum die Frostgefährdung in solchen Jahren reduziert.

Da unsere Marillensorten in der Regel zwischen Mitte Juni und Mitte August reifen, ist es im Weinbauklima auch auf späten Lagen für eine ausgezeichnete Fruchtqualität warm genug, und der Vorteil des späteren Austreibens wird größer sein. In rauen Klimaten mit kurzer Vegetationszeit wird für die Fruchtqualität und für die Holzreife im Herbst der sonnigen Lage der Vorzug zu geben sein.

Weißeln hilft Frostrisse zu vermeiden.

**DER OSTHANG** ❧ Osthänge können den Nachteil haben, dass besonders an klaren, sehr kalten Winterfrostnächten die aufgehende Sonne den Stamm sehr einseitig erwärmt.

Die oft großen Temperaturunterschiede zwischen Sonnen- und Schattenseite führen verstärkt zum Risiko von feinen Frostrissen, was wiederum das gefürchtete „Schlagtreffen" (plötzliches Absterben einzelner Äste oder des ganzen Baumes) der Marillenbäume fördert. Schon vor 100 Jahren hat man deshalb Marillenstämme mit weißer Kalkfarbe angestrichen, um durch die Reflexion des Lichtes diese Frostrisse zu vermeiden.

**DER WESTHANG** ❧ Westhänge sind im Weinbauklima häufig ein brauchbarer Kompromiss zwischen Sonneneinstrahlung, Bodenfeuchteverhältnissen und Frostgefährdung. Der Austrieb wird nicht so frühzeitig angeregt wie am Südhang und dadurch die Frostgefährdung reduziert; im Sommer ist auch die Besonnung für eine bestmögliche Ausreifung der Früchte ausreichend.

## Niederschlag

Neben der Temperatur ist für die Baumgesundheit bei Marillen vor allem der Niederschlag von Bedeutung. Bei einer guten Niederschlagsverteilung und günstigen Bodenverhältnissen sind zwischen 400 und 500 mm Jahresniederschlag in unseren Klimabreiten optimal und mehr als ausreichend. Deutlich höhere Niederschlagsmengen verstärken das „Schlagtreffen" und die Ausbreitung von Pilzen und bakteriellen Krankheitserregen.

**TIPP** ❧ **In Gebieten mit über 800 mm Jahresniederschlag sollte man deshalb überlegen, den Baum vor zu viel Regen zu schützen, indem man ihn zum Beispiel unter einen Dachvorsprung pflanzt.**

## Temperatur

Das Kältebedürfnis von Marillensorten ist unterschiedlich. Besonders zu beachten ist, dass auch kalte Tage für das Gedeihen der Bäume notwendig sind. Die in Österreich gängigen Marillensorten benötigen einen Kältereiz, d. h. Minustemperaturen, um danach austreiben zu können. Viele kalifornische oder südländische Sorten benötigen diesen Kältereiz nicht, sind allerdings für unsere Klimabreiten aufgrund ihrer Frostempfindlichkeit nicht geeignet

### Wachstumstage

Tage mit einer Durchschnittstemperatur ab +5 °C gelten als Wachstumstage. Sobald einmal das Wachstum im Marillenbaum angeregt ist, können auch leichte Frostnächte das Fortschreiten der physiologischen Prozesse im Holz und den Knospen nicht mehr stoppen, und die Frostfestigkeit der Blütenanlagen verringert sich täglich. Das Einleiten dieser physiologischen Prozesse – das heißt das „In-Saft-Gehen" der Bäume – ist auch ganz wesentlich von der Sorte abhängig. So gehen Sorten wie Aurora, Goldrich oder Sylvercot bei deutlich geringeren Temperaturen in Saft, als Klosterneuburger Marille, Ungarische Beste oder Bergeron. Die Länge der Vegetationszeit wird durch die Zahl der Wachstumstage bestimmt. Günstige Temperaturen während der Vegetationszeit fördern Triebwachstum, Assimilationsleistung, Holzreife, Blütenknospenbildung und -qualität, Ertrag und Fruchtqualität.

**Optimale Temperaturen** ❧ Die mittlere Jahrestemperatur sollte bei Marillen über +8 °C liegen, die mittlere Julitemperatur über +18 °C und die Sonnenscheindauer während der Vegetationszeit über 200 Stunden pro Monat. Im Sommer liegen die günstigsten Temperaturen für optimales Wachstum und Fruchtentwicklung bei Marillenbäumen bei +25 bis 30 °C. In Abhängigkeit von der Wasserversorgung ist es der Marille selten zu warm. Selbst Temperaturen über +40 °C sind kein Problem, wenn genug bewässert werden kann.

Junge Blüten sind besonders frostempfindlich.

## Wind

Luftige Standorte helfen, den Pilzbefall an Blüten, Früchten und Blättern zu verringern. An windigen oder luftigen Standorten entstehen auch weniger Strahlungsfröste, weil die Luft besser durchmischt und Kaltluft schneller abgetragen wird.

Etliche Marillensorten sind selbstunfruchtbar, das heißt sie benötigen eine geeignete Sorte als Befruchtungspartner. Neben Bienen und Hummeln ist vor allem bei kaltem Blühwetter Luftbewegung für eine Bestäubung notwendig. Andererseits kann Wind Scheuerschäden und damit Wunden an Ästen und Früchten verursachen, welche wiederum Eintrittspforten für Pilze und krankhafte Bakterien darstellen.

# Die Lage

Da kalte Luft absinkt und warme Luft aufsteigt, ist es in tiefen Lagen immer kälter und meist länger kälter als in höheren. Bodensenken und Kaltluftstaulagen sind besonders frostgefährdet. Große Gebäude oder Garteneinfriedungen wie hohe Mauern oder dichte Hecken können das Abfließen von Kaltluft behindern und damit Frostlagen schaffen. Nebellagen im Herbst sind für Marillenbäume nicht geeignet, da sie die Gesundheit des Holzes beeinträchtigen können.

## Frost

Durch das frühe Austreiben muss ein Marillenliebhaber jedes Jahr um die Marillenblüte zittern. Zu diesem Zeitpunkt kann es immer noch zu Wetterrückschlägen kommen, was oft dazu führt, dass die Blüte zur Gänze erfriert. Man unterscheidet zwischen Frühfrösten im Herbst, Winterfrösten und Spätfrösten im Frühjahr.

**SPÄTFRÖSTE** Spätfröste, die um die Blütezeit auftreten, verursachen bei Marillen den häufigsten Schaden. Bei −2 bis −3 °C Minimumtemperatur während der Blüte wird oft nur ein geringer Prozentsatz der Blüten geschädigt. Bei tieferen Temperaturen als −3 °C muss man in der Blüte immer mit gröberen Schäden rechnen. Aber nicht nur die tiefste Temperatur ist für das Ausmaß des Schadens maßgeblich, sondern auch eine Reihe anderer Faktoren:

- die Dauer der Grenztemperatur (kritische Temperaturschwelle, bei der eine Schädigung eintritt)

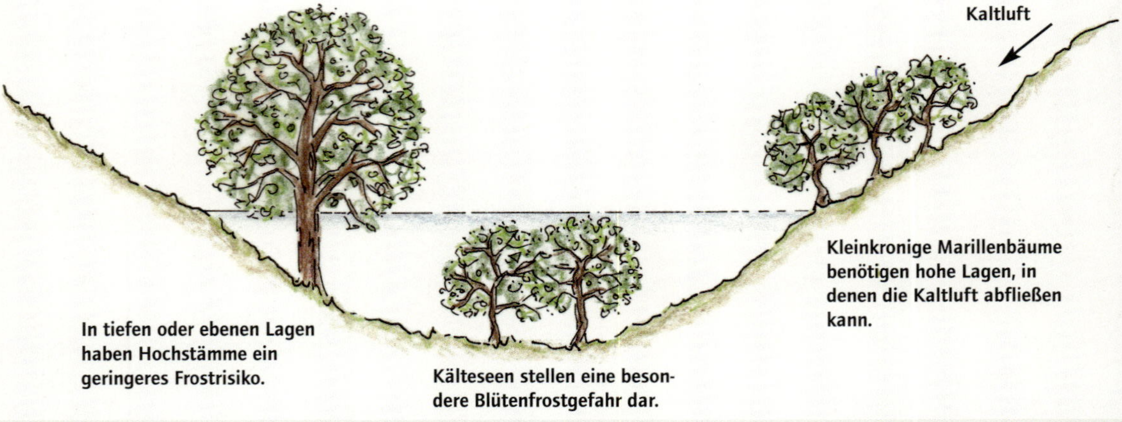


Berücksichtigung des Kleinklimas im Garten

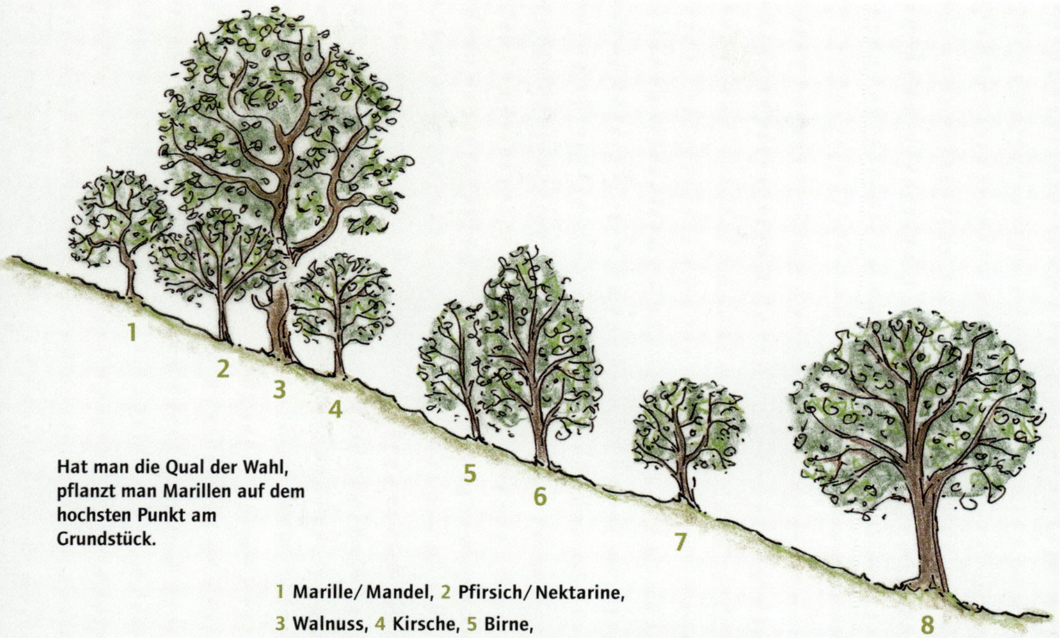


Pflanzt man auf einem Hang verschiedene Obstarten, werden die empfindlichsten an der höchsten Stelle gepflanzt.

- die Höhe der Luftfeuchtigkeit (Schnee, Regen, Tau)
- die Windgeschwindigkeit bzw. Luftbewegung
- ein rascher Temperaturrückgang nach einer Periode starken Wachstums
- die Klimabedingungen vor den Frostnächten
- die Empfindlichkeit der Sorte und deren Entwicklungsstadium

Strahlungsfröste treten in sehr klaren, wolkenlosen Frostnächten auf – hier kommt es kurz vor Sonnenaufgang noch einmal zu einem starken Absinken der Temperatur. Dabei wird oft die Grenztemperatur nur kurz unterschritten und exponierte Blüten werden stärker geschädigt als die geschützten. Je höher die Luftfeuchtigkeit in Frostnächten, umso empfindlicher reagieren die Blüten.

Das Entwicklungsstadium, in dem sich die jeweilige Sorte befindet, wirkt sich meist stärker aus als die Empfindlichkeit der Sorte. Sehr reich blühende Sorten, die sowohl am kurzen Fruchtspieß als auch am einjährigen Langtrieb zahlreiche Blüten bilden, haben hier immer große Vorteile. Blüten am einjährigen Langtrieb blühen bis zu einer Woche später als Blüten am Kurztrieb oder Fruchtspieß. Sorten, die auch am Langtrieb blühen, haben somit verschiedene Blühstadien und insgesamt viel mehr Blüten am Baum, das heißt sie sind somit indirekt deutlich ertragssicherer.

Im Gegensatz zu Winterfrösten wirkt sich bei Spätfrösten die Lage ganz besonders aus. Jeder Meter Höhenunterschied kann zwischen Erfolg und totalem Ernteverlust entscheiden. Muldenlagen, in denen die Kaltluft nicht abfließen kann, sind extrem gefährdet.

**WINTERFROST** ❧ Gut ausgereifte Marillen vertragen im Herbst Temperaturen von bis zu −20 °C, solange die Winterruhe durch vorhergehende Wärmeperioden nicht schon unterbrochen wurde.

Bei diesen Temperaturen wirkt sich die Höhe der Lage nicht so stark aus wie deren Exposition. Südhänge sind durch den verfrühten Austrieb deutlich gefährdeter als spät austreibende Lagen.

**FRÜHFRÖSTE** ❧ schädigen im Herbst vor allem Marillenbäume, die sich noch im Wachstum befinden und somit sehr saftig und grün belaubt sind. Durch den gewaltsamen, raschen und oft schockartigen Verlust der Blätter konnten die Triebe zumeist noch keine natürliche Trennschicht an den Blattnarben ausbilden.

In der Blütezeit können Temperaturen von weniger als −3 °C zu starken Schäden führen.

In tiefen Lagen verursachen Frühfröste im Herbst oft einen vorzeitigen Blattfall.

Diese schützende Trennschicht verhindert aber das Eindringen von Bakterien und Pilzen und reduziert somit die Gefahr des Schlagtreffens der Marillenbäume.

## Natürlich geht´s am besten

Im naturnahen Garten kann man durch den Verzicht auf leichtlösliche Düngemittel – vor allem späte Stickstoffdüngergaben sind besonders gefährlich – sehr positiv auf die Holzreife einwirken. Düngt man mit Kompost oder anderen organischen Materialien, kommt es aufgrund der tiefen Temperaturen im Herbst zu keiner unnatürlichen Nährstoffaufnahme mehr.

## Der Boden

Die Marille bevorzugt warme, gut durchlüftete, lockere lehmige Böden oder Lössböden. Höhere Kalkgehalte im Boden, die bei Pfirsichen und Birnen je nach verwendeter Unterlage oft zu schweren Chlorosen (Gelbsucht) führen, stellen für Marillen meist kein Problem dar.

Schwere, kalte, feuchte und schlecht durchlüftete Böden sagen der Marille weniger zu. Oft reift auf solchen Böden das Holz im Herbst nicht genügend aus und es kommt verstärkt zu Winterfrostschäden und Gummifluss.

Je schlechter die klimatischen Bedingungen sind, desto stärker wirken sich auch ungünstige Bodenverhältnisse aus.

**Geeignete Unterlagen** Mit der Wahl einer geeigneten Unterlage für den jeweiligen Bodentyp nimmt man auch Einfluss auf die Baumgesundheit. Marillen auf Zwetschken veredelt kann man auch auf feuchteren, wüchsigen Böden pflanzen. Marillensorten auf Marillen- oder Pfirsichsämling veredelt sollte man nur für leichte, trockene Standorte verwenden.

Bei gut ausgereiften Marillenbäumen kommt es zu einem natürlichen Blattfall.

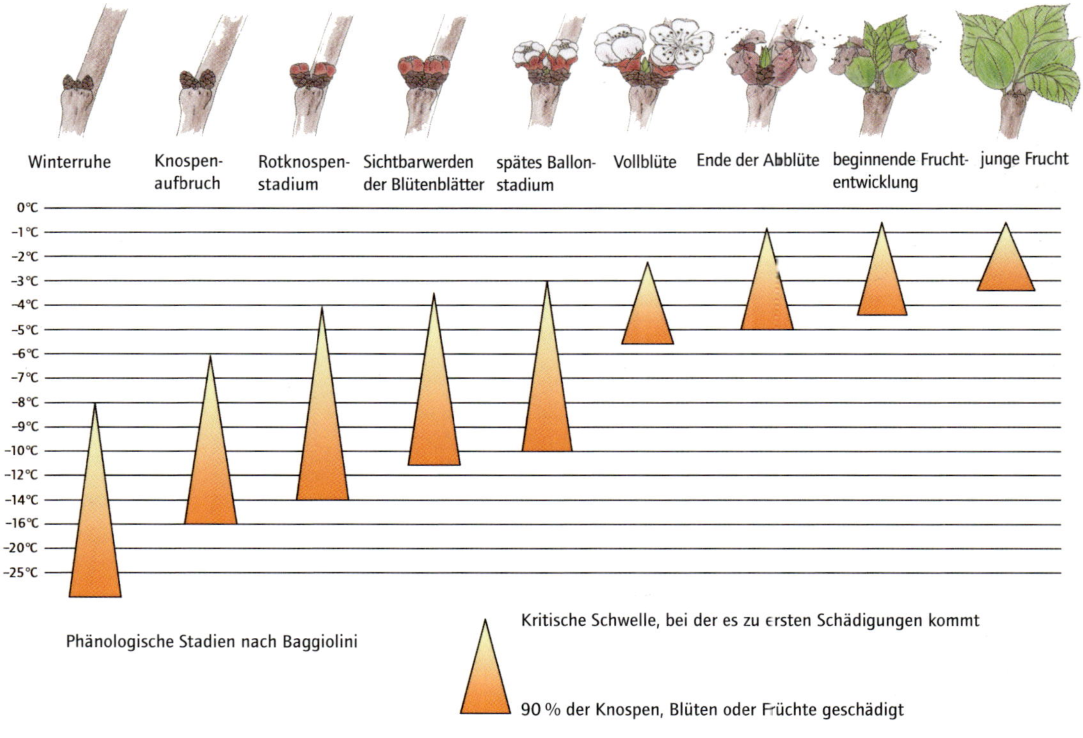


Frostempfindlichkeit der Marille in den Entwicklungsstadien

# Pflanzung und Erziehung

Hat man einen geeigneten Standort für seinen Marillenbaum gefunden, muss man nun entscheiden, ob man einen Buschbaum oder doch lieber einen Halb- oder Hochstamm pflanzt. Während ein Buschbaum zur Gänze vom Boden beernt- und pflegbar ist, können Halb- oder Hochstämme auch ganz besondere landschaftsgestaltende Elemente darstellen.

# Baumformen

Wie bei den anderen Obstarten unterscheidet man auch bei der Marille zwischen den verschiedenen Baumformen und unterschiedlichen Erziehungs- oder Kronenformen. Die Baumform bezieht sich in erster Linie auf die Stammhöhe, die Erziehungsform hingegen auf die jeweilige Kronenausbildung.

## Der Hochstamm

Hochstämme haben eine Stammhöhe zwischen 160 und 180 cm und müssen auf stark wachsenden, standfesten Unterlagen veredelt sein. Meist werden die Edelsorten auf Marillensämling, Brompton oder Myrobalanenunterlagen veredelt (Näheres siehe Kapitel Unterlagen, Seite 44). Marillenhochstämme können über 8 m hoch werden und benötigen dementsprechend viel Platz im Garten. Alte, knorrige Marillenhochstämme sind eine besondere Augenweide und ideale Schattenspender.

Hochstämme benötigen in den ersten vier bis sechs Jahren einen gezielten Kronenaufbau und haben dadurch einen verzögerten Ertragseintritt. Meistens werden lockere Rund- oder Pyramidenkronen gebildet, die, sobald die Erziehungsphase abgeschlossen ist, keinen regelmäßigen Schnitt mehr benötigen. Um starken Wechsel zwischen Trag- und Rastjahren zu verhindern, ist es auch bei Hochstämmen ratsam, korrigierend einzugreifen. Vor allem in Jahren mit geringem Ertrag sollte sofort nach der Ernte ausgelichtet werden, da im kommenden Jahr ein hoher Blütenansatz zu erwarten ist. Da die Ernte mit hohen Leitern meist mühsam ist, lässt man bei Hochstämmen vielfach die reifen Marillen einfach abfallen. Diese müssen dann sofort verwertet werden.

Marillenhochstämme sind ideale Schattenspender.

## Der Halbstamm

Mit einer Stammhöhe von ca. 120 cm sind Marillenhalbstämme ein sehr gern verwendeter Kompromiss zwischen Buschbaum und Hochstamm. Der Halbstamm, als Rundkrone erzogen, ist die traditionelle Baumform in der Wachau. Vor allem bei Strahlungsfrösten, bei denen die tiefsten Temperaturen meist in Bodennähe sind, kann der Halbstamm in ebenen Lagen ein paar große Vorteile gegenüber dem Buschbaum aufweisen. Auf Hanglagen wirkt sich dieser Vorteil jedoch geringer aus.

Als Unterlagen werden meist die verschiedensten Zwetschkentypen verwendet. Je nach Boden sind bei Halbstämmen fast alle empfohlenen Marillenunterlagen möglich (siehe Kapitel Unterlagen, Seite 44). Mit einer Baumhöhe von 4 bis 6 m kann beim Marillenhalbstamm nur ein geringer Teil der Ernte- und Pflegearbeiten vom Boden aus getätigt werden.

## Der Buschbaum

Mit einem Kronenansatz von 50 bis 60 cm und einer Endhöhe von ca. 3 m ist der Marillenbuschbaum der ideale Baum für kleine Gärten.

Halbstämme sind die traditionelle Baumform bei Marillen.

Bei kräftigem Rückschnitt reagiert der Baum mit starker Wasserschossbildung.

**TIPP** **Marillenstämme sind sehr empfindlich für Frostrisse, Bakteriosen und Pilzkrankheiten. Es hat sich bewährt, den Stamm mit einer robusten Zwetschkensorte zu bilden und erst in Kronenhöhe die Marille zu veredeln.**

Fast alle Früchte sind vom Boden aus zu ernten. Es macht Spaß, über zwei Wochen lang je nach Belieben die reifsten Früchte zu naschen, ohne Steighilfen holen zu müssen. Die Marillen können schonend gepflückt werden und sind so etliche Tage im Gemüsefach oder Kühlhaus haltbar.

Auch die anderen Pflegearbeiten wie Ausdünnen (Reduzieren eines zu hohen Fruchtansatzes), Reißen von Wasserschossen, Schnitt etc. kann man jederzeit leicht und vom Boden aus durchführen.

Apfelbuschbäume auf schwach wachsenden Typenunterlagen wie M 9 oder Birnenbuschbäume auf Quitte veredelt haben eine deutlich geringere Lebensdauer als Hochstämme auf Sämlingsunterlagen. Bei Marillen ist dies anders.

Bei Buschbäumen kann man einen Großteil der Früchte vom Boden aus ernten.

Hochstamm – Halbstamm – Buschbaum

Die üblicherweise für Marillenbuschbäume verwendeten Zwetschkenunterlagen wachsen ähnlich stark wie Halbstammunterlagen beim Apfel (siehe Kapitel Unterlagen Seite 44). Erst eine andere Erziehungsform (meist Spindel oder Hecke) und regelmäßige Pflege ermöglichen kleinkronige Bäume. Meist bieten nur auf Marillen spezialisierte Baumschulen verschiedene Unterlagen für Busch und Halbstämme an. Speziell neue Sorten, die besonders reich blühend und hoch im Fruchtansatz sind, sind prädestiniert für kleine Baumformen. Sie sollten jährlich ausgedünnt und geschnitten werden.

Buschbaum, Halbstamm und Hochstamm trifft man in jeder gut bestückten Baumschule in den verschiedensten Sorten und Obstarten an. In einigen Baumschulen werden noch weitere Baumtypen, oft mit verschiedenen regionalen Bezeichnungen, angeboten:

**Viertel- oder Meterstamm** ✂ und Niederstamm sind regional unterschiedliche Bezeichnungen für Bäume mit einer Stammhöhe von 80 bis 100 cm. Sie stellen einen Kompromiss zwischen Busch und Halbstamm dar und werden auf mittelstark wachsenden Unterlagen veredelt. Die Baumhöhe erreicht 4 bis 5 m.

**Einjährige Heister** ✂ sind unverzweigte oder nur mit kurzen Spießen besetzte einjährige Bäume und müssen sofort nach dem Pflanzen auf die gewünschte Stammhöhe angeschnitten werden. Den Kronenaufbau muss der Gartenbesitzer selbst erziehen. Unverzweigte Heister werden sehr gern zum Erziehen einer flexiblen Hohlkrone verwendet.

**Knippbäume** ✂ sind zweijährige Bäume mit einer einjährigen Krone. Mit einer Stammhöhe von 65 bis 75 cm und einer Baumendhöhe von etwa 2,5 bis 3 m sind sie den Buschbäumen zuzuordnen. Sie bringen sehr frühe Erträge und verhalten sich gesünder im Wachstum als ein konventionell produzierter zweijähriger Baum. Da viele neue, in der Vermehrung geschützte Sorten von modernen, auch für den Erwerbsanbau produzierenden Baumschulen als Knippbaum angeboten werden, hält dieser Baumtyp immer mehr Einzug in den Hausgarten.

Meterstamm – Einjähriger Heister – Knippbaum

# Kronen- und Erziehungsformen

Wie bei den meisten anderen Obstarten hat man bei Marillen verschiedene Möglichkeiten, die Krone zu gestalten. Die Marille ist sehr wärme- und lichtbedürftig und verträgt nasses Holz nur schlecht. Daher gilt der Grundsatz für jede Erziehungsform, das Sonnenlicht bestmöglich auszunützen und für eine maximale Belichtung, Belüftung und somit rasche Abtrocknung der Krone zu sorgen.

## Die Rundkrone

In Rundkronen stehen Leitäste gleichmäßig um den Mitteltrieb verteilt. Der Mitteltrieb, das heißt die Stammverlängerung, bleibt in der Krone erhalten.

Halbstämme werden gern als Rundkrone erzogen.

Bei den meisten Obstarten wird die Rundkrone als Pyramidenkrone erzogen. Der Mitteltrieb ist etwas länger als drei bis vier Seitenleitäste und bildet so eine pyramidale Kronenform. Da Marillen meist schlanke, lange, elastische Triebe bilden und sehr rasch fruchten, kippt der Mitteltrieb oft.

Durch die Scheitelpunktförderung (siehe Wuchsgesetze Seite 37) bildet ein junger Trieb ganz von allein die neue Mitte. So entstehen bei der Marillen-Rundkrone oft richtige Naturkronen mit geringem Schnittaufwand. Beim Schnitt solcher Naturkronen wird in erster Linie hängendes, abgetragenes Fruchtholz entfernt und auf junges, leicht steigendes und nach außen gerichtetes Seitenholz abgeleitet (siehe Ableiten S. 37). Stark hängendes Holz wird schlechter ernährt und belichtet und bringt so meist unterentwickelte, krankheitsempfindliche Früchte.

Diese Natur- oder Rundkronen sind die klassische Erziehungsform in der Wachau.

## Die Hohlkrone

Die Hohlkrone hat keine Stammverlängerung; wegen des Fehlens des Mitteltriebes wird sie auch gern als Trichterkrone bezeichnet. Bei den meisten Obstarten werden Hohlkronen mit drei bis vier kräftigen Leitästen in einem Winkel von 30 bis 45° erzogen. Diese sind mit zahlreichen Fruchtästen und kurzem Fruchtholz garniert. Diese Fruchtäste werden nach außen und leicht seitlich erzogen. Durch ihre flache Aststellung sollen sie den Hauptleitästen untergeordnet sein.

Die Hohlkrone bringt eine gute Belichtung im Kroneninneren mit sich.

Lange, nach innen wachsende Fruchtäste werden gänzlich entfernt, nach innen gerichtete Fruchtspieße können belassen werden.

Dies führt zu einer sehr guten Belichtung auch im Kroneninneren und fördert damit die Fruchtqualität. Hohlkronen werden sehr gern bei mittelstark wachsenden Unterlagen mit den verschiedensten Stammhöhen erzogen.

**FLEXIBLE HOHLKRONE** Dem natürlichen Wuchsverhalten der Marille kommt das Erziehen einer flexiblen Hohlkrone näher. Statt drei bis vier kräftiger Hauptleitäste (wie bei der üblichen Trichterkrone) werden bei der flexiblen Hohlkrone fünf bis acht lange schlanke Leitäste belassen. Die Stammhöhe beträgt dabei 40 bis 60 cm. Die Leitäste haben je nach Sorte einen unterschiedlichen Winkel zum Stamm. Während der Blüte stehen diese langen schlanken Leitäste oft noch steil nach oben und sind dadurch etwas besser vor Blütenfrösten geschützt. Bis zur Ernte kippen diese jedoch durch das Fruchtgewicht in Bodennähe. Mit einer Baumhöhe von ca. 3 m ist bei der flexiblen Hohlkrone ein Großteil der Ernte und der Pflegearbeiten vom Boden aus möglich.

Ein weiterer Vorteil der flexiblen Hohlkrone liegt in der einfachen, wenig aufwändigen, dem natürlichen Wuchs der Marille entgegenkommenden Erziehung. Beim Schnitt wird darauf geachtet, dass die Seitenleitäste schlank bleiben und sich nicht stark verzweigen oder Konkurrenztriebe ausbilden.

Oft sieht man vor der Marillenernte Fruchtäste mit langen Stangen gestützt, damit diese durch das Fruchtgewicht nicht abbrechen. Bei der flexiblen Hohlkrone können diese Fruchtäste kippen und es herrscht deutlich weniger Bruchgefahr vor als bei einer starren Kronenerziehung.

## Die Spindel

Die Spindel ist die kleinste und schlankste Kronenform. Sie wird in der Regel mit schwachen oder mittelstarken Unterlagen erzogen und stellt die Haupterziehungsmethode im Erwerbsanbau dar. Dabei handelt es sich um eine ideale Baumform für kleine Gärten oder die Ernte vom Boden aus. Bei Apfel auf M 9 ist dies sehr leicht möglich, bei Marillen muss man mit einer Baumhöhe von 3 bis 3,5 m rechnen.

Die Spindelerziehung hat bereits im dritten Standjahr gute Erträge zur Folge.

Eine Spindel hat – ähnlich einem Weihnachtsbaum – eine gerade, dominierende Stammverlängerung. Von dieser zentralen Mitte gehen die fruchttragenden Seitentriebe unregelmäßig, spiralig verteilt und nahezu waagrecht aus. Mit dieser kleinen Baumform erzielt man eine große Oberfläche und bestmögliche Belichtung aller Kronenteile mit besonders guten Fruchtqualitäten. Viele Sorten tragen bei der Spindelerziehung bereits im Jahr nach der Pflanzung Früchte. Deshalb sollte der Jungbaum, bis die Mitte kräftig genug ist, durch einen Pfahl gestützt werden. Da alle derzeit üblichen Marillenunterlagen standfest sind, kann der Pfahl nach dem vierten Jahr wieder entfernt werden und muss nicht eine dauerhafte Unterstützung darstellen.

## Heckenerziehung oder Längskronen

Oft will man entlang eines Zaunes oder einer Mauer eine Längskrone erziehen. Wie bei anderen Obstarten sind auch hier die Zweiast- oder Y-Hecke und die Dreiasthecke möglich. Aufgrund des eher schleudrigen, spröden Wuchses der Marillentriebe entstehen oft starke Konkurrenzverhältnisse unter den Leitästen oder drohen diese auseinanderzubrechen.

Die Schräge Hecke eignet sich gut als Längskrone entlang eines Zaunes.

Dem natürlichen Wuchsverhalten der Marille näher kommt man mit dem Erziehen einer „Schrägen Hecke". Bei der Schrägen Hecke wird der einjährige Baum nach der Pflanzung in 50 bis 60 cm Höhe in einem Winkel von 40 bis 45° gebogen. Der Bogen fördert die basale Kronenentwicklung, durch die Oberseitenförderung entstehen am Haupttrieb lange Seitenäste, die in entgegengesetzter Richtung zum Haupttrieb gebunden werden. Durch steileres oder flacheres Formieren werden die Stammverlängerung und deren Seitenäste im physiologischen Gleichgewicht gehalten.

## Wandspalier oder Palmetten

Als beste für die Marille geeignete Längskronenform kann die Palmette empfohlen werden. Sie ist ganz besonders als Erziehungsform für ein Wandspalier geeignet. Im Prinzip sollte sie wie eine Spindel erzogen werden. Anstatt die Fruchtäste rings um den Mitteltrieb anzuordnen, werden stärkere Äste bei der Palmette nur in Längsrichtung – das heißt nach links und rechts – belassen.

Die Seitenäste sollten nicht ganz waagrecht gebunden werden, da man damit eine starke Wasserschoss- und Reitertriebbildung fördert. Diese sehr stark und aufrecht wachsenden Triebe verursachen einen hohen Schnitt- oder Formieraufwand, viele Wunden und verzögern den Ertragseintritt. Ideal ist es, wenn die Seitenäste leicht ansteigen. Zu steile Seitenäste werden zu stark und stellen eine Konkurrenz zur Mitte dar. Durch ein flacheres oder steileres Binden der Seitenäste werden die Kräfteverhältnisse am Baum korrigiert, ebenso mit Pinzieren.

Ist einmal ein Hauptkronengerüst erzogen, beschränkt sich der Schnitt auf das Herausschneiden zu starker, störender oder konkurrierender Äste. Dies erfolgt am besten nach der

Ernte. Damit die schöne Palmettenform auch im belaubten Zustand gut zu erkennen ist und viel kurzes Fruchtholz rund um das Hauptstammgerüst gebildet wird, kann man alle kräftig wachsenden Triebe von Mai bis August, auch mehrmals, pinzieren.

**PINZIEREN** Unter „pinzieren" versteht man bei Marillen das Entfernen der orange gefärbten Triebspitze. Diese orangerote Färbung der Triebspitze wird von längenwachstumsfördernden Hormonen (aber auch sortenunterschiedlich) verursacht. Entfernt man diese Wachstumsspitze, bremst man den Trieb und er garniert sich dahinter mit Blütenknospen. 10 bis 14 Tage später beginnt der Trieb neuerlich auszutreiben. Durch das Reduzieren der wachstumsfördernden Hormone ist auch der Neuaustrieb mit vielen Blütenknospen besetzt. Pinzieren kann man immer, wenn Triebe eine stark orangerot gefärbte Triebspitze haben. Bei Trieben, die sich im Wachstum beruhigen, färbt sich die Triebspitze von allein grün.

links pinzierter Trieb, rechts mit oranger Triebspitze

Im darauffolgenden Jahr trägt der Trieb sowohl hinter der pinzierten Stelle als auch am Neuaustrieb Marillen.

Pinzieren ist bei allen Kronenformen eine gute Möglichkeit, um Wuchskräfteverhältnisse verschiedener Triebe am Baum zu korrigieren und ihn früh zum Tragen zu bringen. Früchte sind die beste Wuchsbremse. Im Prinzip kann man während der gesamten Vegetationszeit – von Mitte April bis Mitte September – pinzieren. Entscheidend ist, ob kräftig orange Triebspitzen am Baum sind und man diese wuchsstarken Triebe im Wachstum bremsen will. Der Zeitraum von Mai bis Juni hat sich am effektivsten herausgestellt.

**TIPP** **Entscheiden Sie schon vor dem Baumeinkauf, wie die zukünftige Krone aussehen soll, und besprechen Sie dies mit dem Meister in Ihrer Baumschule. Die ersten Jahre ihres Baumes sind entscheidend dafür, wie gut sich dieser in Ihr Gartenbild einfügen kann.**

# Pflanzung eines Marillenbaumes

Ein Platz ist gefunden und die Baumform ist gewählt. Für den Baumkauf entscheiden Sie sich nun für eine Baumschule Ihres Vertrauens. Baumschulkataloge beschreiben die Sorten und Unterlagen, Fachkräfte geben meist gerne Auskunft. Lassen Sie sich beraten.

Wählen Sie eine lokale Baumschule, die Marillenbäume selbst produziert – womöglich verschiedene Sorten auf mehreren Unterlagen und Baumformen.

## Die Pflanzzeit

Am besten pflanzt man wurzelnackte (ohne Ballen oder Topf an den Wurzeln) Marillenbäume, weil man mit dem Anschneiden der Wurzeln auch die Wundreizwurzelbildung anregt.

Ballen- oder Containerbäume verzeihen zwar mehr Fehler bei der Pflanzung, spätestens im Jahr nach der Pflanzung sind wurzelnackt gepflanzte Marillenbäume aber meist wüchsiger, vitaler und fruchtbarer.

**TIPP** **Die beste Pflanzzeit für wurzelnackte Marillenbäume ist spät im Herbst oder zeitig im Frühjahr.**

Bei Marillenbäumen ist es besonders wichtig, dass die Triebe sehr gut ausgereift sind und der Baum sich in Winterruhe befindet. Meist ist dies nach dem ersten Reif von Natur aus gegeben. Wurzelnackte Bäume sollten immer ohne Blätter gepflanzt werden. Früh im Herbst gepflanzte, wurzelnackte und entblätterte Bäume treiben im Herbst keine Wurzeln mehr aus. Daher ist die beste Pflanzzeit – je nach Region – von Ende Oktober bis November und im Frühjahr von März bis Mitte April. Bei einer Frühjahrspflanzung muss auf jeden Fall vor Beginn der Vegetationsperiode gepflanzt werden, solange die Bäume noch „blind“, das heißt noch nicht in Saft sind.

Bäume mit Ballen oder im Container kann man ruhigen Gewissens schon im September, Oktober oder vom Frühjahr bis Ende Mai pflanzen. Während der Sommermonate pflanzt man am besten keine Marillenbäume.

Junge Marillenbäume in der Baumschule.

## Baumeinkauf und Vorbereitung zur Pflanzung

Holt man die Bäume in der Baumschule ab, sollte man beim Transport die Wurzeln vor Sonne, Luftzug, Wind und Frost schützen. Werden die Bäume versandt, sollte man bald nach Erhalt die Verpackung entfernen und die Bäume über Nacht in Wasser stellen.

**WÄSSERN** Je stärker ein Marillenbaum ist und je später nach der Ausschulung gepflanzt wird, desto wichtiger ist ein Wässern vor dem Pflanzen. Wird ein Marillenbaum im Herbst ausgeschult und erst im Frühjahr gepflanzt, erleichtert das Wässern bis zur ersten Verzweigung immer das Anwachsen.

Pflanzt man nicht am folgenden Tag, kann man die Bäume bis zu einer Woche ins Wasser stellen, dann aber nur die Wurzeln. Für einen längeren Zeitraum sollten die Bäume wieder eingeschlagen werden.

**EINSCHLAGEN** Als „Einschlag" wählt man einen geschützten, schattigen Standort (damit die Bäume nicht frühzeitig in Saft gehen oder austrocknen) und bedeckt alle Wurzeln mit feiner Erde. Bei einzelnen Bäumen geht man dabei wie bei der eigentlichen Pflanzung vor, größere Stückzahlen kann man auch bundweise einschlagen. Nach dem Bedecken der Wurzeln mit lockerer Erde müssen Sie die Bündel rütteln oder eingießen, um Hohlräume im Wurzelbereich und dadurch geförderte Schimmelbildung zu vermeiden.

**TIPP** **Das Eingießen nach dem Pflanzen kann ein vorhergehendes Baden keinesfalls ersetzen und dient dazu, einen guten Erde-Wurzelschluss zu erzielen.**

**VORBEREITEN** Unmittelbar vor der Pflanzung sind alle verletzten Wurzeln wegzuschneiden und die Hauptwurzeln glatt anzuschneiden, bis die Schnittstelle weiß ist. Nicht schräg, sondern gerade schneiden. An den frischen Schnittstellen bildet sich Wundgewebe und daraus zahlreiche neue Wurzeln. Das Wurzelwerk wird dichter, kräftig und intensiv verzweigend und somit sehr aufnahmefähig für Wasser und darin gelöste Nährstoffe. Kräftiges Wurzelwachstum bedeutet immer schön austreibende Jungbäume. Das Pflanzloch sollte so groß gegraben werden, dass alle Wurzeln genügend Platz haben, sich ausbreiten zu können.

Vor der Pflanzung werden möglichst viele Wurzeln frisch angeschnitten.

Bei hartem Boden sollte dieses doppelt so groß wie die Wurzelmasse sein. Ist der Boden von minderer Qualität oder hat an der Stelle schon ein Obstbaum gestanden, empfiehlt es sich, etwas Gartenerde oder sehr reifen Kompost in das Pflanzloch zu geben und mit der „gewachsenen Erde" zu mischen.

Achtung: Auf keinen Fall darf man jungen, grünen Kompost, frischen Stallmist oder leichtlösliche Handelsdünger in das Pflanzloch geben. Bei nassen Bodenverhältnissen und der Verwendung von Erdbohrern ist darauf zu achten, dass der Pflanzlochrand nicht verschmiert wird. In der Regel schlägt man die Baumstange vor der Pflanzung im zur Hauptwindrichtung gelegenen Drittel der Pflanzgrube ein und setzt den Baum so zum Pfahl, dass er sich gerade und die Krone regelmäßig entwickeln kann.

**TIPP** Es sollten möglichst viele Wurzeln angeschnitten, dabei jedoch möglichst wenig weggeschnitten werden.

**WÜHLMAUSGITTER** Die Wurzeln von Marillenbäumen werden von Wühlmäusen nicht so gern gefressen wie jene von Holunder- oder Apfelbäumen, besonders die schwachwüchsige Apfelunterlage M 9 zählt für die Tiere als begehrte Delikatesse.

Bei sehr starkem Mäusedruck kann es empfehlenswert sein, ein feinmaschiges Drahtgitter (Hasengitter) in die Pflanzgrube einzulegen. Das etwa 1 x 1,2 m große Gitter wird sowohl seitlich wie auch oben übereinandergeschlagen und die Pflanzgrube mit feiner Erde aufgefüllt.

## Die Pflanzung

Der Marillenbaum wird in das Pflanzloch gestellt, mit feiner, lockerer Erde zugeräumt, gerüttelt und dabei leicht angehoben, die Erde festgedrückt und anschließend mit Wasser eingegossen. Auf keinen Fall sollte Wasser vor der Pflanzung in die Pflanzgrube gegossen werden.

Je nasser der Boden beim Pflanzen ist, desto wichtiger ist das Eingießen nach der Pflanzung! Die Veredelungsstelle muss immer über das zukünftige Bodenniveau ragen und sollte beim Pflanzen nicht tiefer stehen, als sie in der Baumschule stand.

Mit dem endgültigen Zuräumen des Pflanzloches wartet man, bis das Wasser gänzlich versickert ist, und drückt die Erde leicht an. Ein abschließendes leichtes Anhäufeln mit lockerer Erde verringert die Austrocknung und erleichtert die spätere Unkrautpflege.

Eingießen mit 5 bis 10 Liter Wasser sorgt für einen guten Erde-Wurzel-Schluss.

Nach der Pflanzung soll die edelungsstelle 10 bis 15 cm das Bodenniveau ragen.

## Der Pflanzschnitt

Pflanzt man wurzelnackte Bäume, sollte man die Augenanzahl (Knospen) der Triebe der Wurzelmasse, die etwa durch Roden und Wurzelschnitt reduziert wurde, anpassen.

**RÜCKSCHNITT** Zu starkes Wachstum in der Jugendphase verzögert den Ertragseintritt. Je stärker die Triebe eingekürzt werden, umso leichter wachsen die Bäume an, weil die reduzierten Wurzeln weniger Triebsubstanz zu versorgen haben.

Grundsätzlich richtet sich der Pflanzschnitt nach dem gewünschten Erziehungssystem. Will man eine Hohlkrone erziehen, wird man einen vorhandenen Mitteltrieb über den Basisästen zur Gänze entfernen. Bei Längskronen schneidet man alle starken, quer zur Reihenrichtung wachsenden Äste gänzlich weg. Alle verbleibenden Seitenäste werden etwa um die Hälfte eingekürzt. Bei Pyramidenkronen oder Spindeln betrifft dies auch den Mitteltrieb. Kurze Fruchtspieße kann man belassen, diese bringen im Jahr nach der Pflanzung die ersten Früchte. Konkurrierende, zu starke und zu steile Schlitzäste entfernt man am besten gleich bei der Pflanzung.

**TIPP** **Besser ist es, die Seitenäste ohne Rücksicht auf Augenrichtung und Stummellänge einzukürzen.**

### Container- und Ballenpflanzen

Bei ihnen genügt es, die Krone zu korrigieren, dem Erziehungssystem anzupassen und dicht stehende oder nach innen wachsende Triebe zu entfernen. Oft ist es üblich, Seitenäste schräg und ohne Stummel über einem nach außen gerichteten Auge (Knospe) zu schneiden, um die Krone zu formen, und die Schnittstelle mit Baumwachs zu verstreichen.

Gerade das äußerste, so umsorgte Auge treibt bei Marillenbäumen oft schlecht durch und bildet nur einen kümmerlichen Trieb.

Von Mai bis Juni sollte man den Marillenbaum kontrollieren, Stummel und aufrechte Triebe entfernen und am Ende einen gesunden und nach außen stehenden Trieb belassen.

Je weniger Feinwurzeln vorhanden und je mehr Probleme zu erwarten sind, desto stärker sollte der Pflanzschnitt durchgeführt werden, um diese Fehler auszugleichen. Die Fehler können z. B. entstehen:

- durch einen sehr langen Transportweg oder während der Lagerung ausgetrocknete Bäume;
- durch einen sehr späten Pflanztermin und schon leicht angetriebene Pflanzen;
- bei extrem stark und mastig gewachsenen Jungbäumen;
- wenn die Marillenbäume im Sommer des Pflanzjahres bei Trockenheit nicht bewässert werden können;
- wenn die Baumscheibe nicht unkrautfrei gehalten werden kann.

### Schneiden lernen

Einige Baumschulen und Obstbauvereine bieten gratis Sommerschnittkurse auch speziell für Marillen an. Gelesenes Fachwissen selbst einmal in der Praxis umgesetzt zu haben, ist sehr wertvoll. Zu sehen, wie ein Marillenbaum in den verschiedensten Altersstadien aussehen soll, erleichtert die Vorstellung und gibt Mut, frühzeitig richtige Maßnahmen zu setzen. Bei solchen Kursen lernt man auch viel durch Fragen anderer Kursteilnehmer.

**Pflege** Im Pflanzjahr hat man bei Marillenbäumen keine Schädlinge zu erwarten. Von Mai bis August ist ein idealer Zeitraum, um

- korrigierende Schnitteingriffe durchzuführen,
- durch Binden einzelner Äste der Krone die gewünschte Form zu geben,
- mit Pinzieren zu stark wachsender Äste die Kräfteverhältnisse am Baum auszugleichen,
- bei Trockenheit einmal pro Woche den Jungbaum mit ca. 10 l Wasser zu gießen (nicht täglich – Marillen mögen keine ständig „nassen Füße"!),
- Sommerschnittkurse zu besuchen.

# Marillenbäume schneiden

Obwohl ein Marillenbaum nicht so schnittbedürftig ist, wie so manche andere Obstart, und es im eigenen Garten nicht so wichtig ist, jedes Jahr sehr hohe Erträge und maximal große Früchte zu ernten, gibt es zahlreiche Gründe, seinen Marillenbaum zu schneiden.

# Der richtige Zeitpunkt

Früher galt landläufig: „Marillen darf man nicht schneiden, sonst trifft sie der Schlag." Das stimmt zum Teil. Vor 100 Jahren wurden Marillen meist aus Kernen gezogen oder zumindest, wie alle anderen Obstarten, auf Sämlingen veredelt. Dies ergab immer stark wachsende, großstämmige Bäume – meistens musste die Fläche darunter als Weide oder Gemüsegarten genutzt werden. Geschnitten wurde nur alle paar Jahre im Winter, dann dafür kräftig.

Damals war Sommerschnitt kein Thema. Er hätte das Wachstum gebremst, und man befürchtete, die Wunden würden einen zu starken Saftverlust verursachen. Wie bei allen Obstarten will man auch bei der Marille mit Schnittmaßnahmen den Ertrag regulieren. Ungeschnittene Bäume wechseln oft jährlich zwischen Trag- und Rastjahren – sie „alternieren". In den Tragjahren bringen die Bäume viele kleine zucker- und aromaarme Früchte, die oft nur notreif werden. In den Rastjahren tragen sie sehr wenige, übergroße, platz- und fäulnisanfällige Marillen. Weitere Gründe sind:

- um dem Baum eine bestimmte Form zu geben,
- um besonders kleine oder große, mächtige Baumkronen zu erhalten,
- um den Baum gesund und vital zu erhalten,
- und nicht zuletzt um möglichst regelmäßig gut entwickelte, gesunde Marillen mit mehr Inhaltsstoffen ernten zu können.

Der schlechteste Zeitpunkt, um Marillenbäume zu schneiden, ist von Ende September bis Weihnachten. Alle Wunden, die in diesem Zeitraum entstehen, bilden erst im kommenden Frühjahr mit dem Austrieb Wundgewebe und sind dadurch mehrere Monate Frost, holzzerstörenden Pilzen und Bakteriosen ausgesetzt. Oft trocknen die Wunden während des Winters so stark zurück, dass im kommenden Frühjahr an der Schnittstelle gar kein Kallus (Wundgewebe) mehr gebildet werden kann.

Marillenbäume schneidet man nur während der Vegetationszeit. Vom „In-Saft-Gehen" des Baumes bis spätestens Mitte September ist ein guter Zeitraum, Marillenbäume zu schneiden. Im Sommer ist die Zellbildung aktiver, Wunden überwachsen und verheilen schneller und besser als im Winter.

Bei kräftig wachsenden Bäumen ist es ideal, den Hauptschnitt bald nach der Ernte durchzuführen. Kurz nach der Blüte, wenn der zu erwartende Ertrag schon abgeschätzt werden kann, ist ein leichter Korrektur- bzw. Auslichtungsschnitt empfehlenswert.

Bei zu hoch gewachsenen Marillenbäumen ist um die Blüte oder bei der Ernte ein idealer Zeitpunkt, diese in der Höhe zu begrenzen. Dabei wird immer auf einen flach abgehenden Fruchtast abgeleitet.

Der Winterschnitt stärkt das Triebwachstum, der Sommerschnitt bremst es. Der Sommerschnitt fördert die Blütenknospenbildung. Je früher im Winter und umso stärker geschnitten wird, desto mehr wird das Wachstum gefördert. Zu schwach wachsende, vergreisende Marillenbäume schneidet man daher am besten zeitig im Frühjahr, beim „In-Saft-Gehen" des Baumes. Dies kräftigt den Austrieb.

# Der richtige Schnitt

Um einen Marillenbaum richtig schneiden zu können, muss man gewisse Grundregeln, die Wuchsgesetze, kennen und berücksichtigen.

## Die Spitzenförderung

Die oberste Knospe (Terminal- oder Endknospe) eines Triebes bildet den stärksten Austrieb. Die nächsten Knospen treiben immer kürzer und flacher aus. Knospen an der Triebbasis bleiben bei Langtrieben oft schlafend. Steil stehende, senkrechte Triebe erhalten gegenüber den flacher verlaufenden ebenfalls eine Spitzenförderung.

## Die Scheitelpunktförderung

Bei bogenförmigen Trieben bildet die Knospe am Scheitel den stärksten Austrieb. Die stammnahen Knospen und die Knospen an der Spitze treiben hingegen schwächer aus.

Spitzenförderung

Scheitelpunktförderung

Da Marillen gern lange, schlanke Triebe bilden und an diesen bald fruchten, kippen sie durch ihr Fruchtgewicht oft zur Seite. Der oberste Trieb übernimmt die Spitzenfunktion, und die neue Astverlängerung beginnt in einigen Jahren durch die Marillen wieder zu kippen.

## Die Oberseitenförderung

Bei waagrechten Trieben treiben die an der Triebоberseite gelegenen Knospen stärker aus als die an der Triebunterseite. Die Triebverlängerung ist

Oberseitenförderung

deutlich schwächer als bei steil stehenden Trieben. Auch die Früchte sind an der Trieboberseite besser entwickelt als an der Triebunterseite.

Beim Ausdünnen (Ertragsregulierung durch Entfernen kleiner Früchte) bricht man die schwächer entwickelten Früchte verstärkt an der Triebunterseite weg.

## Das Gesetz der Schnittwirkung

Je stärker man einen Trieb oder Baum zurückschneidet, desto kräftiger ist der Austrieb. Bei großkronigen Baumformen wird man in der Erziehungsphase einjährige Langtriebe an den Hauptleitästen anschneiden, um diese zu kräftigen und schneller eine große Krone zu erhalten. Schneiden regt das Wachstum an, Nichtschneiden fördert die Blütenknospenbildung. Will man die Krone in ihrem Umfang möglichst erhalten, im Wuchs beruhigen und bald Früchte bekommen, lässt man die Triebe weitestgehend ungeschnitten.

Zu steil stehende, stark wachsende Triebe werden flach gebunden oder ganz entfernt. Auf keinen Fall sollten diese eingekürzt werden, weil dadurch das Übel nur verstärkt wird. Ein kurzer Schnitt bringt lange Triebe.

Steuert man durch Schnittmaßnahmen stark hängendem Holz nicht entgegen, trägt es sich in einigen Jahren ab und wird dürr.

### Nützen Sie die Wuchsgesetze bei ihrer Baumerziehung!

Besonders bei der „flexiblen Hohlkrone" kann man sich diese Eigenschaft zunutze machen und den Baum nach dem Prinzip der Fruchtastbogenbildung verjüngen. Abgetragenes, hängendes Fruchtholz wird auf den nächsten kräftigen, leicht steigenden Ast abgeleitet und die Krone so immer jung gehalten. Bei Bäumen, die längere Zeit nicht geschnitten wurden, lassen der Wuchs und auch die Fruchtgröße an der hängenden Triebspitze bald nach, bis die Lebenskraft der Triebspitze ganz erlischt und das alte Fruchtholz dürr wird: ein typisches Erscheinungsbild bei alten, extensiv gehaltenen Marillenbäumen.

## Das Gesetz der Triebstellung

Je steiler ein Trieb steht, desto stärker wächst er. Je flacher ein Trieb wächst, desto fruchtbarer ist er. Durch Formieren (Binden) kann man die Kräfteverhältnisse am Baum regulieren. Herunter formieren schwächt den Wuchs und fördert die Fruchtholzbildung, während Aufbinden den Wuchs fördert und den Trieb kräftigt.

**Ungeschnitten = schwaches Folgewachstum, intensive Blütenknospen und Fruchtbildung**

**Schwacher Schnitt = mittelstarkes Folgewachstum, „Schnitt auf Frucht"**

**Starker Schnitt = starkes Folgewachstum, „Schnitt auf Holz"**

Gesetz der Schnittwirkung

**SAUBER SCHNEIDEN** ~ Ganz wichtig ist es, beim Schneiden von Marillenbäumen keine Stummel zu belassen. Selbst kleine Stummel können nur sehr schwer mit Wundgewebe überwachsen werden und verheilen. Meist trocknen sie innerhalb einiger Monate tief in den Ast zurück, werden von Pilzen und Bakterien besiedelt, und das Holz wird langfristig schwer geschädigt. Im Normalfall ist die Wunde ein Jahr später großteils verwachsen.

Viele Jahre nicht schneiden und dann radikal mit der Motorsäge alles nachholen wollen, ist für Marillenbäume kein guter Weg.

**Spreizen bzw. Herunterformieren schwächt den Wuchs und fördert die Fruchtholzbildung**

**Hochbinden fördert den Wuchs**

Gesetz der Triebstellung

## Ableiten

Beim Ableiten muss der Schnitt schräg zum verbleibenden Ast geführt werden, da sonst der außerhalb des Saftstromes verbleibende „Keil" nicht verheilt.

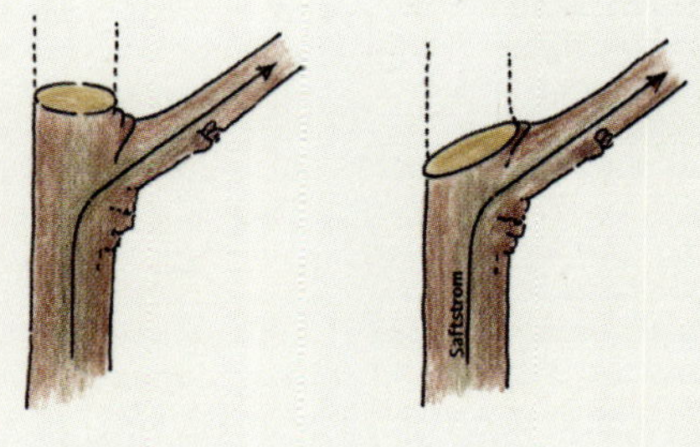


**Falsch** **Richtig**

# Der Lebenszyklus eines Marillenbaumes

Wie jedes Lebewesen macht auch der Marillenbaum verschiedene Phasen seines Daseins durch. Das Leben eines Marillenbaumes gestaltet sich von der Jugend über die Phase des Ertrages bis hin zur Zeit des Alters.

## Das Jugendstadium

Die Jugendphase eines Marillenbaumes ist durch die Bildung kräftiger, langer Jungtriebe gekennzeichnet. Diese sind als Folge der Schnittmaßnahmen bei der Pflanzung und für die Entwicklung des Kronengerüstes entstanden. Solange einjährige Langtriebe für den Kronenaufbau durch Schnittmaßnahmen im Frühjahr eingekürzt werden, werden diese stark wachsen und den Baum länger im Jugendstadium halten.

Dies kann bei Marillenhalb- und Hochstämmen vier bis sechs Jahre dauern. Hat der Baum einen gewissen Kronendurchmesser erreicht, sollte man ihn ruhig werden und fruchten lassen, indem man einjährige Langtriebe nicht einkürzt, sondern die Krone nur mehr auslichtet und korrigiert.

Bei kleinen Baumformen auf schwach wüchsigen Unterlagen, besonders bei Spindelerziehung in Kombination mit reich blühenden Edelsorten, kommt der Baum sehr rasch in die Ertragsphase. Will man Bäume besonders klein halten, wird auf jedes weitere Einkürzen von einjährigen Trieben verzichtet; der Baum bildet viele Kurztriebe und Blütenknospen. Der früh einsetzende Ertrag stellt eine zusätzliche Wuchsbremse dar. Bereits im fünften Standjahr können sich kleinkronige Marillenbäume im Vollertragsstadium befinden.

Wie lange sich ein Baum in der Jugendphase befindet und wie mächtig die Krone in Zukunft wird, hängt wesentlich vom Schnitt in den ersten Jahren ab.

Im zweiten Standjahr zeigt die flexible Hohlkrone ein besonders kräftiges, jugendliches Wachstum.

## Das Ertragsstadium

Das Ertragsstadium ist durch hohe Erträge und ein ausgeglichenes Wachstum gekennzeichnet. Die Krone wird breiter und ausladender, durch den Fruchtertrag senken sich die Äste und das Höhenwachstum nimmt ab. In dieser Phase bringt der Baum die qualitativ besten Früchte hervor.

**TIPP** ~ **Halten Sie den Baum durch Schnitt- und Pflegemaßnahmen möglichst lange in dieser Phase des physiologischen Gleichgewichts. Gegen Ende dieser Phase stellen sich Schwächeerscheinungen durch Nachlassen der Triebkraft und Überalterung des Fruchtholzes ein.**

Im Vollertragsstadium zeigt dieser Halbstamm sehr ausgeglichenes Wachstum.

Alte, knorrige Marillenbäume prägen das Bild in vielen Bauerngärten.

## Das Altersstadium

Durch Nachlassen der Triebkraft kommt es zu ersten Vergreisungserscheinungen. Die Blüten- und Fruchtbildung wird schwächer und die Krone nimmt eine hängende Form ein. Wurde nicht regelmäßig geschnitten, bildet sich viel trockenes, dürres Fruchtholz in den veralteten Kronen.

Sterben größere Kronenteile ab, sollten diese sofort entfernt werden. Marillenbäume auf stark wüchsigen Unterlagen können aber noch sehr lange in diesem Stadium viel Freude bereiten und durch ihr knorriges Aussehen ein besonderer Blickfang sein.

# Veredelung und Pflege

Will man konkrete Eigenschaften einer Sorte, wie späte Blüte, schöne entwickelte Früchte mit besonders gutem Geschmack oder eine bestimmte Reifezeit garantieren, muss man diese Sorte vegetativ vermehren – das heißt veredeln auf einer geeigneten Veredelungsunterlage.

# Unterlagen und Veredelung

Zieht man einen Marillenbaum aus einem Kern, wird voraussichtlich ein Großteil der Sämlinge kleine Früchte bringen, selbst wenn man den Stein einer sehr großfruchtigen, hochgezüchteten Edelsorte nimmt.

## Kriterien für die Unterlagenwahl

Die Unterlage ist jener Teil eines Baumes, der die Wurzeln bildet und auf den eine gewünschte Edelsorte veredelt wird. Sie hat natürlich viele Eigenschaften, wie unterschiedliche Wuchsstärke, Anpassungsfähigkeit an verschiedene Bodentypen, Resistenz gegenüber Krankheiten und Schädlingen, die berücksichtigt werden sollte.

**Bodenverhältnisse** Bei Marillenbäumen ist es wichtig, mit der Unterlage nicht nur die Baumhöhe zu bestimmen; man muss auch auf bestimmte Bodeneigenschaften Rücksicht nehmen. Wichtige Kriterien bei der Wahl einer geeigneten Unterlage sind vor allem:

- die Bodenschwere: sandig, leicht oder bindig und schwer, trocken oder feucht, vielleicht sogar zu stauender Nässe neigend;
- die Nährstoffversorgung: kalkarm oder kalkreich (hoher pH-Wert und hoher Aktivkalkgehalt).

Ein junger Baum aus der Baumschule

**Wuchsstärke** Beim Kauf eines Baumes rückt die Unterlage meist nicht ins Bewusstsein. Der Kunde kauft eine bestimmte Sorte in einer bestimmten Baumform – Busch, Halb- oder Hochstamm. Die Baumschule hat die Unterlage mit der richtigen Wuchsstärke kombiniert. Eine an bestimmte Bodenbedingungen gut angepasste Veredlungsunterlage erweist sich auf solchen Standorten längerfristig als leistungsfähiger, widerstandfähiger gegenüber Krankheiten und Stressfaktoren und damit langlebiger.

**Verträglichkeit** Da Marillensämlinge nur auf leichten, sandigen Böden gut gedeihen und immer Bäume mit großer Wuchskraft bringen, werden Marillen gerne auch auf artfremden Unterlagen veredelt.

Besonders beliebt sind Zwetschkenunterlagen, weil sie sehr langlebige Marillenbäume bringen. Edelsorten haben eine unterschiedliche Affinität (Verträglichkeit) mit den verschiedensten Unterlagen.

Man kann Marillen auf Zwetschken, Ringlotten, Mirabellen, Kriecherln und Pfirsichen ver

Hat die Unterlage keine gute Verträglichkeit mit der Edelsorte, kommt es oft zu Windbruch.

edeln, aber nicht umgekehrt. Veredlung von Marille auf Kirsche, Weichsel und Kernobst funktioniert auf Grund unzureichender Affinität nicht.

**KRANKHEITEN** Unterlagen haben verschiedene Anfälligkeiten gegenüber Bakterien, Viruskrankheiten und Krebs. Viele davon sind bodenabhängig (z. B. die Neigung zu Wurzelersticken oder dem bakteriellen Krebs). Viele Zwetschkenunterlagen bilden Triebe aus den Wurzeln (Wurzelschosser), was im Garten sehr lästig sein kann.

**TIPP** **Sowohl Edelreis als auch Unterlage müssen absolut gesund sein. Mit einem mit Virosen oder Phytoplasmosen infizierten Pflanzmaterial Marillenbäume zu erziehen, ist vergebene Mühe.**

## Geeignete Veredelungsunterlagen

Grob kann man Marillenunterlagen in fünf verschiedene Gruppen einteilen:

**MARILLENSÄMLINGE** Marillensämlinge haben den großen Vorteil, dass sie mit allen Edelsorten eine gute Verträglichkeit aufweisen. Durch ihren starken Wuchs und verzögerten Ertragsbeginn sind sie vor allem für die Erziehung von Halb- und Hochstämmen von Bedeutung. Marillensämlinge sind empfindlich gegenüber Verticillose (Wurzelschimmel) und Asphyxie (Sauerstoffarmut im Boden) und daher nur auf leichten, durchlässigen Böden zu verwenden.

**ZWETSCHKENUNTERLAGEN** Im Allgemeinen sind Unterlagen aus dem Formenkreis der Zwetschke für mittlere und schwere Böden bzw. für niederschlagsreiche und kühlere Gebiete gegenüber Marillen- und Pfirsichsämlingen zu bevorzugen.

Seit alters her weiß man, dass Marillenveredelungen auf wurzelechter Hauszwetschke, Kriecherl, Mirabelle, Großer grüner Reneklode, Wangenheims – vorausgesetzt, man verwendet gesundes, virusgetestetes Ausgangsmaterial – besonders langlebige, gesunde Bäume bringen.

In modernen Baumschulen verwendet man spezielle Zwetschkenkreuzungen, die nach langjährigen Prüfungen gezielt vermehrt und in der Praxis empfohlen werden können.

Spindelbäume auf schwach wüchsigen Zwetschkenunterlagen veredelt beginnen bereits sehr früh zu tragen.

## Besonders beliebte Zwetschkenunterlagen

- Torinel: wächst mittelstark und ist sehr breit verwendbar
- Wavit: wächst etwas schwächer als Torinel und ist die beste Unterlage für möglichst kleine Baumformen; bildet nur wenige Wurzelschosser
- Sankt Julien A: breit verwendbare, mittelstarke Unterlage; bildet Wurzelschosser; in vielen Baumschulen erhältlich
- Brompton: nur für größere Baumformen

**PFIRSICHUNTERLAGEN** Pfirsichunterlagen verlangen im Gegensatz zu Zwetschkenunterlagen leichte, durchlässige Böden mit nicht zu hohem Kalkgehalt. Der Wuchs ist meist kräftig und sie haben einen positiven Einfluss auf die Fruchtgröße. Im österreichischen Marillenanbau sind vor allem die rotblättrige Rubira (sie ist tolerant gegenüber Bakteriosen) und Montclar in Verwendung.

**MYROBALANUNTERLAGEN** Myrobalanensämlinge (Kirschpflaumen) sind als Zwetschkenunterlage in vielen Baumschulen verbreitet. Sie bringen kräftige, schöne Bäume und sind einfach zu vermehren. Starker Wuchs, langsamer Ertragseintritt und geringe Lebensdauer lassen sie für Marillen nur bedingt geeignet erscheinen. Moderne vegetativ vermehrte Auslesen wie 29 C oder MRS 2/5 besitzen eine sehr hohe Anpassungsfähigkeit an die verschiedenen Bodentypen. Sie können auf leichten Böden mit hohen Kalkgehalten, wo Pfirsichunterlagen aufgrund ihrer geringen Kalkverträglichkeit ausscheiden, empfehlenswert sein.

**HYBRIDUNTERLAGEN** In den letzten Jahren wurden eine Reihe von neuen Unterlagenkreuzungen bei der Marille ausprobiert. Sie zeigten unter bestimmten Bedingungen und Sortenkombinationen oft ganz gute Ergebnisse. Für den Hausgarten sind Hybridunterlagen jedoch nur von geringer Bedeutung.

## Das Veredeln

Im Gegensatz zu Menschen oder Tieren können Pflanzen sich nicht nur über Samen (generativ) vermehren, sondern sie haben die Möglichkeit, ihre Erbanlagen möglichst ident über Pflanzenteile (vegetativ) weiterzugeben.

Viele Zwetschkenunterlagen bilden Wurzelschosser.

**WARUM VEREDELN?** Die Antwort darauf liegt eigentlich im Wort veredeln. Man will eine Edelsorte mit bestimmten Eigenschaften – besonders aromatische, große, schöne Früchte und große Widerstandsfähigkeit gegenüber Krankheiten – kombinieren mit einer Unterlage, die dem Baum eine gewisse Wuchskraft verleiht, eine möglichst hohe Anpassungsfähigkeit an verschiedene Bodentypen aufweist und mit der Sorte gut verträglich ist.

**OKULIEREN (AUGENVEREDLUNG)** Die häufigste Veredlungsmethode bei Marillen ist das Okulieren. Dabei wird zuerst die Rinde der Unterlage mit einem T-Schnitt geöffnet und gelöst.

In diesen Schnitt wird ein Stück Rinde mit einer daraufsitzenden Knospe (Auge) geschoben und die Veredelungsstelle anschließend mit Gummibändern oder Bast verbunden. Ein häufiger Fehler beim Marillenokulieren ist, dass der Rindenschild zu dick geschnitten und beim Entfernen des darunterliegenden Holzteiles der Knospenboden verletzt wird.

Marillen werden meist im August okuliert. Wichtig ist, dass die Unterlage in Saft steht und sich die Rinde gut löst. Zu starkes Unterlagenwachstum kann zu einem Überwachsen oder Wegdrücken des Edelauges führen. Wird zu früh veredelt, kommt es häufig zu einem vorzeitigen Austrieb des Edelauges, der dann leicht erfriert. Bei zu spätem Veredeln löst sich die Rinde nicht mehr gut.

**TIPP** **Schneidet man beim Okulieren ein zu dickes Rin-Rindenschildchen, dann nicht versuchen den Holzteil zu lösen, sondern das Auge verwerfen und sich beim nächsten Auge bemühen, dünner zu schneiden.**

**„CHIP-BUDDING" (SPANVEREDELUNG)** Wenn sich die Rinde nicht mehr gut löst oder die Unterlage zu stark wächst, ist das „Chip-Budding" auch bei Marillen eine gute Veredelungsmethode. Dabei wird ein 2 bis 3 mm dicker Holzspan (Chip) mit einem Edelauge in die Unterlage gesetzt, aus der vorher ein Chip derselben Größe entfernt wurde.

Kopulationsschnitt

**KOPULIEREN (PFROPFEN)** Pfropfen kann man im Frühjahr als Zimmerveredelung auf einer starken, gut bewurzelten Unterlage oder im Frühjahr als Standortveredelung im Freiland. Mit einem schrägen Schnitt werden Edelreis und Unterlage – welche immer gleich stark sein sollen – ganz und möglichst gerade (plan) durchtrennt und anschließend beide Schnittflächen miteinander verbunden.

Beim Pfropfen ist es wichtig, dass die Edelreiser rechtzeitig vor „In-Saft-Gehen" geschnitten und danach kühl und feucht gelagert werden. Meist ist um den Jahreswechsel ein idealer Zeitpunkt.

# Pflegemaßnahmen

Die Marille ist eine der stressempfindlichsten Obstarten. Wirkt sich Stress und Überbehang bei anderen Obstarten meist nur durch die Ausbildung kleinerer Früchte aus, kann es bei der Marille mitunter rasch zum Absterben des Baumes führen.

## Fruchtausdünnung

Unter Ausdünnung versteht man das Entfernen kleiner Früchte bei zu starkem Fruchtbehang. Ziel der Fruchtausdünnung ist es, regelmäßige Erträge mit guten Fruchtgrößen zu erreichen und die Alternanz (den Wechsel zwischen Trag- und Rastjahren) zu vermeiden.

**Ausdünnung** Viele Gartenbesitzer sind froh, nach Frostjahren endlich wieder einen „vollen" Marillenbaum zu haben. Eigentlich ist es für sie unbedeutend, wenn die Marillen kleiner sind. „Für Marillenknödel reicht es, und in der Marmelade sieht man die Fruchtgröße sowieso nicht." Auch wenn ein überbehangener

### Ausgewogenes Verhältnis

Das Produzieren vieler Kerne kostet die Marille ungleich mehr Energie als das Produzieren einer deutlich größeren Menge Fruchtfleisch. Anzustreben ist – je nach Fruchtgröße der Sorte – ein Blatt-Frucht-Verhältnis von 6 bis 8 : 1, das entspricht ca. einer Marille pro Handbreite. Entscheidend für eine gute Versorgung mit Assimilaten ist aber nicht nur die Blattzahl. Bäumen mit großen gesunden Blättern kann man mehr Früchte belassen als kleinen oder kränklichen.

Vor dem Ausdünnen

Nach dem Ausdünnen

Baum mehrere Male durchgeerntet werden muss, damit die Marillen überhaupt reif werden – und Ernten ist ja eine der schönsten Arbeiten im (naturnahen) Garten.

Ungefähr einen Monat (25 bis 30 Tage) nach der Blüte setzt ein natürlicher Fruchtfall ein. Sobald man diesen erkennt, sollte man mit der Handausdünnung beginnen und diese etwa 40 bis 50 Tage nach der Blüte beenden.

Bei der Marille hat Ausdünnen nicht nur den Zweck, größere, besser entwickelte und gefärbte, inhaltsstoffreichere Früchte bei regelmäßigeren Erträgen zu erhalten. Neben der Fruchtqualität wird auch die Blütenknospenqualität, deren Frostfestigkeit und die Baumgesundheit gefördert.

Einige Krankheiten, die maßgeblich am Marillenbaumsterben beteiligt sind, wie der Bakterienbrand, treten bei gestressten Bäumen deutlich stärker auf. Der ideale Zeitpunkt für das Ausdünnen ist meistens von Anfang bis Mitte Mai.

## Bewässerung

Einerseits verträgt die Marille keine staunassen, schweren Böden und mag keine niederschlagsreichen Gebiete, sondern eher trockenes Weinbauklima. Andererseits sollte man Jungbäume und Bäume mit hohem Behang in Trockenperioden gießen.

Ideal ist es, dabei nur den Boden zu wässern und nicht den ganzen Baum mit Wasser zu besprengen. Man sollte den Boden nicht durchgehend feucht halten, besser ist es, bei Trockenheit alle 10 bis 14 Tage, dann aber kräftig zu gießen. In der letzten Maidekade beginnt der anfänglich weiche, weiße Kern in der Frucht hart zu werden. Dieses „Steinig-Werden" belastet den Baum sehr.

**TIPP** Vermeiden von Trockenstress erhöht die Lebensdauer des Baumes und fördert die Fruchtqualität.

Auch im naturnahen Garten ist Tropfbewässerung eine gute und wassersparende Möglichkeit.

# Gesunde Marillenbäume

Marillen haben außer Fäulnis nur wenige Krankheiten, die die Früchte befallen. Will man lange Freude mit seinem Marillenbaum haben, kommt vorbeugenden Maßnahmen zur Gesunderhaltung des Baumes eine besondere Bedeutung zu. Ermöglichen Sie eine Artenvielfalt und schaffen Sie Wohnraum für Nützlinge – Ihre besten Verbündeten im naturnahen Garten.

# Krankheiten der Marille

Je nach Standort und Witterungsbedingungen können Marillenbäume von unterschiedlichen Krankheiten befallen werden. Einige dieser Krankheiten führen zum direkten Absterben des Baumes, andere wiederum schwächen den Baum oder schädigen die Frucht.

## Blütenmonilia *(Monilia laxa)*

**Schadbild** Blütenmonilia ist eine Pilzkrankheit, bei der die infizierten Blüten faulen, verwelken und vertrocknen. Über die Blüte dringt der Pilz sehr rasch ins Holz, das von der geschädigten Blüte zur Spitze hin abstirbt. Dieses Erscheinungsbild wird auch als „Spitzendürre" bezeichnet und kann einzelne oder fast alle Triebe am Baum befallen. Gern wird Blütenmonilia mit einem Frostschaden verwechselt, weil in beiden Fällen die Blüten verbräunen und absterben. Bei Monilia bleiben die vertrockneten Blüten am Baum kleben, bei Frost fallen sie nach einigen Tagen großteils ab. Oft tritt Gummifluss im Bereich der Schadensstelle auf. Feuchtes, mildes Blühwetter begünstigt zudem das Auftreten von Blütenmonilia.

**Gegenmassnahmen** In niederschlagsreichen Gebieten kann man Marillenbäume unter einem Dachvorsprung pflanzen und so die Blüten und auch das Holz vor zu viel Nässe schützen. Ein sehr starkes Infektionspotenzial geht von bereits gefaulten Früchten – sogenannten Fruchtmumien – aus.

Blütenmonilia sieht einem Frostschaden ähnlich.

Spitzendürre – über die infizierte Blüte dringt der Pilz in das Holz und der Trieb stirbt ab.

Sind nur vereinzelte Infektionsherde am Baum, ist das Ausschneiden, Sammeln, Häckseln und Kompostieren der befallenen „spitzendürren" Äste empfehlenswert. Bei kleinkronigen Bäumen ist dies leicht möglich. Alle Marillensorten können von Blütenmonilia befallen werden. Ananasmarille und Nancy-Aprikose gelten als sehr empfindlich, Harlayne und Tardicot als robust. Das Entfernen der Fruchtmumien ist die erste Maßnahme gegen Blütenmonilia.

Blütenmonilia stellt das häufigste Problem in der heutigen Zeit dar. Oft hört man: Früher hat man Marillenbäume nie gespritzt, heute hat man ohne Chemie keine Chancen mehr. Ursache hierfür ist jedoch eine Verhaltensänderung der Menschen. Früher pflanzte man Bäume oft für die nächste Generation, und dementsprechend wurden sie auch behandelt. Obst war rar, und was nicht sofort gegessen wurde, verarbeitete man. Sogar leicht gefaulte Marillen wurden ausgeschnitten, eingemaischt und zu Schnaps gebrannt. In der heutigen Zeit des Überschusses werden oft nur die Früchte geerntet, die man gerade essen will. Zum Einkochen für Marmelade fehlt schon wieder die Zeit, geschweige denn zum Pflücken angefaulter Marillen. Immer wieder sieht man noch im Frühjahr Hunderte von Marillenmumien an Bäumen kleben – ein Infektionspotenzial, das früher nicht gegeben war.

## Fruchtmonilia
*(Monilia fructigena)*

**SCHADBILD** Der Ausgangspunkt dieser bräunlichen Faulstellen sind meist Wundstellen wie feine Haarrisse in der Fruchtschale oder Verletzungen durch Scheuerschäden oder Insektenfraß der reifenden Früchte. Anfänglich klein und rund, dehnt sich die Fäulnis rasch auf die ganze Frucht aus. Berührt die kranke Marille eine gesunde Frucht, wird auch diese befallen. Bei büschelweisem Behang bilden sich so ganze Fäulnisnester.

Kleine Fruchtrisse führen zu Fäulnis, Insekten verstärken das Problem.

Ausgehend von einer mit Monilia infizierten Blüte kommt es zu Trieb- und Fruchtschäden.

Teilweise gefaulte Marillen fallen meist ab. Ist auch der Stiel betroffen, bildet dieser keine natürliche Trennschicht; die Früchte vertrocknen und kleben am Ast.

Diese Fruchtmumien bilden konzentrisch grauweiße, stäubende Sporenlager, die durch Wind und Regen zu anderen Früchten getragen werden.

**GEGENMASSNAHMEN** Mit den folgenden Maßnahmen kann man Fruchtmonilia vorbeugen:

- Verhindern der Verletzung der Fruchtschale
- Bekämpfung der Ohrwürmer mit Leimringen
- Wegfangen der Wespen durch Aufhängen von Fanggläsern
- Schutz vor Regen und Hagel (Dachvorsprung)
- Entfernen der Fruchtmumien während der Ernte

### Fruchtmumien

Klebt eine Fruchtmumie einige Wochen am Trieb, dringt der Moniliapilz in das Holz ein. Es genügt nicht, nur die mumifizierte Marille zu entfernen, sondern man muss den Ast, an dem sie klebt, bis ins „Gesunde" zurückschneiden. Sieht man beim Schneiden der Marillenbäume noch Fruchtmumien, sollte man sie samt Ast entfernen.

Alle Sorten, die bei Regen gern platzen bzw. Fruchtrisse bekommen, sind empfindlich für die Krankheit Fruchtmonilia. Dazu gehören die folgenden Sorten: Kittseer Frühmarille, Ananasmarille, Ungarische. Beste, Kremser Rosenmarille. Als relativ platzfest hingegen gelten Pinkcot, Goldrich, Bergarouge, Harlayne und Tardicot.

## Bakterienbrand
*(Pseudomonas syringae bzw. P. mors-prunorum)*

**SCHADBILD** Der Erfahrung nach ist der Bakterienbrand die Hauptursache für das Schlagtreffen der Marille. Als erste Anzeichen betroffener Bäume findet man bräunlich violett gefärbte Einsenkungen an der Rinde, die den Stamm kantig und abgeflacht aussehen lassen. Das Gewebe unter der befallenen Rinde ist verbräunt und die Baumkrone wird von der Nährstoffversorgung durch die Wurzel abgeschnitten. Kommt es zu Stresssituationen, vergilbt plötzlich das Laub gesund erscheinender Bäume und welkt sehr schnell.

Es können auch die Blüten, Blätter und Früchte von Pseudomonas-Bakterien befallen werden. Befallene Blüten werden rasch braun, weshalb die Krankheit gern mit einer Monilia-Infektion verwechselt wird. Blätter zeigen hellgrüne Flecken, die später verbräunen und herausfallen (Schrotschuss-Symptom).

Frucht- und Blattsymptome vom Bakterienbrand

Die Bakterien kann man fast in der ganzen Natur finden. Gefährlich werden sie erst, wenn sie über Wunden (Baumschnitt, Frostrisse, Blattnarben) bei feuchtem Wetter in hohen Konzentrationen in den Baum eindringen. In der Vegetationsperiode kann sich der Baum durch die Bildung von Wundgewebe sehr gut gegen Pseudomonas-Infektionen wehren. In der Vegetationsruhe ist dies aufgrund der geringen Stoffwechselaktivität nicht der Fall.

**GEGENMASSNAHMEN** *Pseudomonas* kann durch die Beachtung der nachfolgenden Punkte entgegengewirkt werden:

- Kein Schnitt während der Vegetationsruhe
- Nicht auf staunassen Böden und in Nebellagen pflanzen
- Weißanstrich der Stämme
- Stress vermeiden
- Keine späte Stickstoffdüngung!

### Frostrissen vorbeugen

Ein Weißeln der Stämme vor dem ersten Frost reduziert durch die Reflektion des Sonnenlichts Frostrisse und somit Eintrittspforten für Pilze und Bakterien. Setzt man der weißen Farbe etwas Kupfer zu, bekämpft man die Bakterien auch direkt.

Gut ausgereifte Bäume lassen im Herbst die Blätter durch die Bildung einer natürlichen Trennschicht fallen. Diese wiederum verhindert das Eindringen der Bakterien über die Blattnarben. Sind die Bäume im Herbst noch sehr wüchsig und grün, verursacht meist der erste Frost den Blattfall, bevor diese schützende Trennschicht ausgebildet wurde.

Führt ein Frühfrost zum Blattfall, sollte man die frischen Blattnarben mit einem auch im biologischen Anbau erlaubten Kupferpräparat schützen. Bei gut ausgereiften Bäumen und natürlichem Blattfall können die Bakterien dann nur sehr schwer über die Blattnarben in das Holz eindringen.

Gesunde Herbstverfärbung

Stress vermeiden: Bäume mit extremem Fruchtbehang bzw. welche Trockenheit leiden, zeigen deutlich stärkeren Fruchtbefall durch *Pseudomonas* (Schrotschuss-Symptom) als vitale und ausgeglichen wachsende Marillenbäume. Einige der wenigen Sorten, die man als tolerant gegenüber *Pseudomonas* einstuft, sind Goldrich, Sylvercot und Harlayne Als empfindlich gelten Aurora und Bergeron.

**TIPP** **Angepasste Düngung und gut ausgereifte Bäume ersparen Pflanzenschutzmaßnahmen.**

## Pockenkrankheit *(Sharka)*

**SCHADBILD** An der Oberfläche der Früchte findet man gelbe Ringe, und an den Blättern sind hellgrüne, wolkige Bänderungen zu sehen. Mit diesem Virus befallene Früchte sind oft geschmacklos. Ist man sich der Schalen- oder Blattsymptome nicht sicher, sollte man den Kern ansehen. Hat dieser ebenfalls gelbe oder weißgelbe Ringe, handelt es sich sicher um Sharka.

**GEGENMASSNAHMEN** Eine direkte Bekämpfung der Pockenkrankheit ist nicht möglich. Zur Vorbeugung sollte nur gesundes, virusfreies Veredelungs- und Pflanzmaterial verwendet werden.

Sharka-Symptome an Früchten und Kernen der Sorte Hargrand

An den Blättern von Marillen zeigt Sharka hellgrüne Schlieren.

**TIPP** **Da das Sharka-Virus auch von Insekten übertragen wird, sind, um die Nachbarbäume zu schützen, befallene Bäume sofort zu roden.**

Sharka-tolerante Sorten sind etwa Kuresia, Orangered, Harlayne und Goldrich. Diese Sorten zeigen bei einem Befall keine oder nur sehr geringe Fruchtsymptome, können aber bespielsweise durch Insektenübertragung andere Bäume infizieren. Auch Zwetschken, Ringlotten, Kriecherl, Pfirsiche und Nektarinen können infiziert werden.

Da die meisten guten alten Sorten sehr Sharka-sensibel sind, dürfen auch Sharka-tolerante Sorten nicht befallen sein oder infizierte Bäume mit toleranten umveredelt werden. Diese wären eine ständige Infektionsquelle.

## Chlorotisches Blattrollen der Marille (ESFY – European Stone Fruit Yellowing)

**SCHADBILD** Die Europäische Steinobst-Vergilbungskrankheit, eine Phytoplasmose, zeigt bei der Marille löffelförmig gebogene, trockene, spröde wirkende und kleinere Blätter sowie Kleinfrüchtigkeit, verbunden mit reduziertem Triebwachstum.

Kranke Bäume verlieren im Herbst ihr Laub deutlich früher als gesunde und sterben innerhalb einiger Jahre – oft schlagartig – ab. Da verschiedenstes Absterben von Marillenbäumen (Frostschäden, Mäusefraß, mangelnde Verträglichkeit zwischen Unterlage und Edelsorte etc.) ähnliche Symptome hervorruft, ist eine sichere Feststellung nur mittels Laboruntersuchung möglich.

**GEGENMASSNAHMEN** Eine direkte Bekämpfung dieser Krankheit ist nicht möglich. Da die Phytoplasmose auch durch Insekten übertragen werden kann, sind kranke Bäume rasch zu roden. Oft wird sie bei der Veredlung

Mit ESFY befallene Blätter rollen sich „tütenförmig" ein.

durch infizierte Edelreiser oder Unterlagen weiterverbreitet. Es sollte nur gesundes, phytoplasmen- und virusfreies Pflanzmaterial verwendet werden!

## Marillenblattbräune
*(Gnomonia erythrostoma)*

**SCHADBILD** An den Blättern zeigen sich im Sommer gelbliche Flecken und Schlieren, die im fortgeschrittenen Stadium braun werden.

Starker Befall mit diesem Pilz führt oft schon im August zu starkem Blattfall. Die geringere Vitalität des Baumes führt zu verringerter Winterfrosthärte und reduziertem Blütenknospenansatz.

**TIPP** **Errichten Sie mit schönen, gesunden Blättern Laubhaufen in Ihrem Garten, sie werden von vielen Tieren (z.B. Igel) zum Überwintern benötigt. Nicht gesund wirkendes Laub zerkleinern und kompostieren Sie am besten.**

**GEGENMASSNAHMEN** Da der Pilz im Falllaub überwintert, sollte dieses gesammelt, zerkleinert und kompostiert werden.

Marillenblattbräune

Bei starkem Infektionsdruck schädigt Marillenblattbräune auch die Früchte.

## Sonstige Krankheiten

Wie die meisten Bäume können auch Marillen von verschiedensten Krankheiten befallen werden, die nicht artspezifisch sind und nur eine geringe Bedeutung haben. Folgende Krankheiten, die aber nur in einzelnen, eher seltenen Fällen ein Problem darstellen, können Marillenbäume befallen.

- **Valsa**: die Krötenhautkrankheit
- **Schrotschuss**: starkes Auftreten führt zu vorzeitigem Blattfall und Gummifluss
- **Eutypa**: ein holzzerstörender Pilz
- **Hallimasch**: ein Pilz, der Wunden im Wurzelbereich oder am Wurzelhals befällt
- **Verticillose**: ein Pilz, welcher die Leitungsbahnen verstopft und auch gern über die Wurzeln in den Baum eindringt
- **Bleiglanz**: ein Wundparasit, der sich durch silbrig glänzende Blätter zeigt
- **Wurzelkropf**: knollenförmige Wucherungen im Wurzelbereich
- **Schorf** und **Mehltau**

Eingesunkene braun-violette Streifen, verursacht durch Valsa

Aus Wunden am Wurzelhals dringen die Fruchtkörper von Hallimasch.

# Tierische Schädlinge bei Marillen

Ein naturnaher, abwechslungsreicher Garten ist die beste Maßnahme gegen tierische Schädlinge. Hecken, Wasser, Gestrüpp und Steinhügel können so vielen Nützlingen Unterschlupf bieten, dass es zu keiner einseitigen Massenvermehrung von Schädlingen kommt.

## Frostspanner

Im Frühjahr zum Austrieb fressen bis zu 2 cm lange, grünliche Raupen, die sich „spannerartig" fortbewegen, an Knospen, Blüten und Blättern. Da die flügellosen Weibchen zur Eiablage auf die Bäume kriechen müssen, ist das Anlegen von Raupenleimringen am Stamm im Oktober der einfachste Schutz.

Anfang Oktober sollten die Leimringe an den Stämmen angebracht werden.

Ein weiterer Schutz vor Frostspannern ist das Bestäuben des Baumes mit Gesteinsmehl. Austriebsspritzungen mit Rapsöl oder der Einsatz von Thuringiensis-Präparaten hingegen sollten im naturnahem Garten vermieden werden. Jeder Einsatz von synthetischen Insektiziden greift zu stark in den Nützlingshaushalt eines Gartens ein.

## Schalen-, Hecken- und Knospenwickler

Schalen-, Hecken- und Knospenwickler können vor allem in Waldnähe ein Problem darstellen. Sie fressen nicht nur im Frühjahr, sondern auch im Sommer an Blättern und Früchten. Junge Bäume mit zartem Austrieb werden besonders gern angenommen. Neben dem Abklauben der Tiere ist auch hier das Überstäuben mit Gesteinsmehl zielführend.

Vor allem in Waldnähe kann es zu starkem Raupenfraß an Blättern kommen.

## Steinobstknospenstecher

Im Frühjahr treiben vor allem End- und Blütenknospen nicht aus. Die Krone macht einen locker-luftigen und stark triebgeschwächten Eindruck. Der Steinobstknospenstecher tritt nur sehr lokal, vor allem in der Wachau, auf. Im September sticht ein Rüsselkäfer die Knospen an und belegt diese mit Eiern. Im Frühjahr höhlt die daraus schlüpfende Larve die Knospe aus. Vögel und andere Nützlinge sind die besten Helfer im Kampf gegen diese Käfer.

## Der Ohrwurm

**NÜTZLING** Einerseits ist der Ohrwurm ein wichtiger Helfer, der in einer Nacht über 100 Blattläuse vertilgen kann. Auch Schneckeneier, Raupen, Spinnmilben, Blutläuse u.a. kleine Insekten stehen auf seinem Speiseplan.

Tonblumentöpfe werden von Ohrwürmern gerne als Unterschlupf angenommen.

### Leben und leben lassen – Nisthilfen

Der Ohrwurm ist nachtaktiv und hält sich tagsüber gern in Rindenritzen und Steinen auf. Verkehrt aufgehängte Blumentöpfe aus Ton, locker gefüllt mit Holzwolle, Stroh oder Heu, sind ein idealer Nistplatz für Ohrwürmer. Oft findet man 20 bis 30 Tiere unter einem Topf. Ideal ist es, im Frühjahr drei bis vier Töpfe in der Nähe starker Äste in der Baumkrone aufzuhängen. Vor der Marillenreife werden diese Töpfe samt den darin befindlichen Ohrwürmern zu Apfel-, Birnen- oder Zwetschkenbäumen – am besten mit Blattlausbefall – gebracht, welche deutlich später reifen. Auch der sonst oft problematische Birnblattsauger lässt sich mit Ohrwürmern sehr gut regulieren. Nach der Marillenernte, bevor die anderen Früchte reifen, kann man die Töpfe wieder zurück in die Marillenbäume bringen.

**SCHÄDLING** Andererseits ist er ein Allesfresser, der sich gern über reife Marillen und andere Früchte hermacht. Besonders in sehr trockenen Jahren erweckt es den Anschein, dass Ohrwürmer ihren Wasserbedarf mit reifen Früchten decken. In der Folge beginnen diese Früchte dann meist zu faulen.

Besonders viele Ohrwürmer halten sich in der Nähe von zusammenhängenden Früchten auf und laufen bei der Obstpflücke über Hände und Arme. Bringt man einige Wochen vor der Ernte Leimringe am Stamm an, kann man ein Aufwandern der Ohrwümer und somit Schäden an den reifen Früchten verhindern. In einem naturnahen Garten wird man immer Blattläuse, Raupen, Käfer, Ohrwürmer, Schlupfwespen und viele insektenfressende Vögel und Tiere antreffen. Denken Sie daran, dass alle sowohl Schädling, aber auch Futter sind und für das biologische Gleichgewicht im Garten sorgen.

# Das Marillenbaumsterben

Jeder, der sich schon länger mit Marillenbäumen beschäftigt hat, kennt das: Man hat sich viel Mühe mit einem schönen Kronenaufbau gegeben, die ersten Früchte konnte man verkosten, eine wunderschöne Blüte genießen, und plötzlich lässt der Baum die Blätter hängen.

- Ungünstige Standort- und Bodenverhältnisse: zu kalte oder niederschlagsreiche, nebelige Lagen, schwerer kalkarmer Boden, hoher Grundwasserspiegel
- Stress für den Baum: durch zu hohen Fruchtbehang oder durch zu starkes Wachstum bei fehlendem Ertrag
- Pflege- und Ernährungsfehler: unsachgerechter Schnitt, Belassen von Fruchtmumien, Überdüngung – besonders mit Stickstoff
- Falsche Veredelungsunterlagen: dem jeweiligen Boden oder der Edelsorte nicht angepasst
- Bereits mit Virosen oder Phytoplasmosen infiziertes Veredlungsmaterial kann die Baumausfälle dramatisch verstärken.

Bevor man die Früchte ernten kann, ist der Baum dürr. Hierbei handelt es sich um das gefürchtete „Schlagtreffen" (Apoplexie) der Marille. Die Tatsache, dass das Schlagtreffen weltweit und schon seit Hunderten von Jahren auftritt, ist hier nur wenig tröstlich.

Diese plötzlichen Welkeerscheinungen können verschiedene Ursachen haben und sind meist die Summe von mehreren. Die höchste „Sterberate" tritt zwischen dem dritten und dem siebenten Standjahr auf und beträgt selbst in gut gepflegten Anlagen 3 bis 5 %. Hat ein Marillenbaum diese kritische Phase überlebt, tritt eine gewisse Alterstoleranz ein.

Unter günstigen Verhältnissen erweist sich die Marille als recht zählebig. Nicht selten trifft man auf 70- bis 80-jährige Marillenbäume. Häufig sind diese auf Zwetschken veredelt, auf leichten Böden auch aus Kernen gezogen oder auf Sämlingen veredelt.

**TIPP** **Richtige Planung und Vorbeugung sind der beste Schutz!**

Das Schlagtreffen der Marille ist oft die Summe verschiedener Ursachen.

# Ernte und Verarbeitung

Vollreife Marillen, frisch vom Baum genascht, sind ein besonderes Geschmackserlebnis. Für manche beginnt die schöne Sommerzeit erst, wenn die ersten Marillen reifen. Durch ihre Saftigkeit sind reife Marillen jedoch nur sehr gering lagerfähig. Nützt man ihre sehr guten Verarbeitungseigenschaften, kann man dieses vorzügliche Aroma länger genießen.

# Die Marillenernte

Bei Marillen ist der optimale Erntezeitpunkt nicht so schwierig zu bestimmen wie etwa bei Winterbirnen oder -äpfeln. Da sie nach dem Pflücken nur schlecht nachreifen, sollte man sie erst ernten, wenn sie ihr Aroma voll entwickelt haben. Am besten wird gepflückt, was schmeckt.

## Abernten der Marillenbäume

In den letzten zwei bis drei Wochen vor der Ernte wird der Großteil an Zucker gebildet, Säure abgebaut, und die Fruchtfleischfestigkeit nimmt ab. Würzig-aromatisch und saftig werden Marillen erst in den letzten Tagen ihrer Reife – und das am besten, wenn sie noch am Baum hängen. Der optimale Erntezeitpunkt einer Frucht währt nur wenige Tage. Marillen reifen demnach am Baum, das heißt nicht einheitlich.

Bei kleinen Baumformen ist die Marillenernte kinderleicht.

Die Marillen sind sehr wärmeliebend, daher reifen gut besonnte Früchte deutlich früher als im Schatten wachsende Marillen. Bäume mit sehr hohem Fruchtbehang haben einen sehr verzögerten Reifeverlauf und eine lange Ernteperiode. Bei zu hohem Behang kann ein Baum schon seine Not haben, Schattenfrüchte voll ausreifen zu lassen.

**TIPP** **Wurden bei zu hohem Behang die kleinen Früchte im Mai ausgedünnt, kann man im Sommer süßere, aromatischere und besser entwickelte Marillen ernten.**

## Kennenlernen der Sorten

Die verschiedenen Marillensorten können sehr unterschiedlich reifen. Manche schmecken erst, wenn sie im Ganzen leuchtend orange gefärbt sind. Andere wiederum sind genussreif, obwohl die Schattenseite der Frucht noch etwas gelbgrünlich ist.

Einige neue Sorten, wie Goldrich, Pinkcot, Sylvercot und Kioto, neigen zu früher Orangefärbung. Sie sind bereits schön gefärbt, geschmacklich gut und saftig werden sie erst einige Tage später. Solche Sorten, rechtzeitig geerntet, eignen sich sehr gut, um sie der Familie in einer Obstschale anzubieten und laufend die weichen Früchte herauszunaschen. Ungleichhäftig reifende Sorten müssen meist rasch gegessen und verarbeitet werden.

## Reife und Wasser

Reife Marillen enthalten ca. 85 % Wasser. Bei starkem Behang und Trockenheit kann man die Fruchtentwicklung durch häufiges Gießen deutlich fördern. Am besten sollte man damit zu dem Zeitpunkt beginnen, wenn die Früchte sich zu färben beginnen, das heißt die grünen Früchte aufhellen und gelb-orange werden.

Zu spätes Bewässern fördert die Rissbildung an der Haut, was wiederum rasch zu Fäulnis führt. Auch wenn die Blätter in der Julihitze sehr schlaff am Baum hängen, es sollte nie die Krone bewässert werden, sondern immer nur der Boden! Nasse Marillen faulen in kurzer Zeit, und feuchte Wunden, die beim Pflücken entstehen, sind sehr empfänglich für holzzerstörende Pilze und Bakterien. Besser ist es, ein- bis zweimal kräftig zu gießen, als den Boden ständig feucht zu halten.

## Lagerung

Reife Marillen sind für eine längere Lagerung nicht geeignet. Einige Tage können gut im Gemüsefach des Kühlschranks überbrückt werden. Früchte, die leichte Druckstellen oder beginnende Fäulnis zeigen, sollte man auf keinen Fall aufheben. Sie faulen sehr schnell und stecken benachbarte Marillen schnell an.

Unreife Früchte reifen nur schlecht nach und entwickeln einen mehligen, wenig aromatischen Geschmack. Geringe Faulstellen schmecken sehr unangenehm und können bald größere Mengen verarbeiteter Früchte in ihrer gesamten Qualität stark beeinträchtigen. Die Marillen sollten nicht gemeinsam mit Zwiebeln oder Kartoffeln gelagert werden, denn sie nehmen rasch deren Geruch an! Aufgrund des weichen Fruchtfleisches der Marille, sollte man die geernteten Früchte möglichst sorgfältig unterbringen

Marillenernte ist Handarbeit.

# Selbstgemachtes aus Marillen

Jedes Obst ist gesund, und die Vielfalt heimischen Obstes macht es erst aus. Aber keine unserer Obstarten hat so viel Betacarotin, eine Vorstufe von Vitamin A, wie die Marille.

Betacarotin hilft, dass unsere Haut geschmeidig, weich und sauber bleibt (weniger Pickel bei Jugendlichen in der Pubertät), und schützt vor den gefährlichen UV-Strahlen. Es fördert die Sehkraft (hilft bei grauem Star), schützt Leber und Schleimhäute und wirkt antioxidativ. Karotene wirken der Tumorbildung aktiv entgegen und halten die Arterien frei von Ablagerungen (Arteriosklerose).

Der hohe Wert an Niacin (Vitamin B5) stärkt die Nerven und Spannkraft, Folsäure (Vitamin B) fördert die Blutbildung und Zellerneuerung und ist besonders in der Schwangerschaft und im Jugendwachstum wichtig.

Das enthaltene Vitamin C stärkt das Immunsystem, Panthothensäure hilft Fettpolster abzubauen. Marillen enthalten viele Mineralstoffe und Spurenelemente, besonders Kalium (Wasserhaushalt, Muskelkontraktionen), Eisen (bei Blutarmut) und Kupfer (entgiftet, stärkt das Bindegewebe und fördert den Eisentransport).

Neuere wissenschaftliche Untersuchungen belegen, dass nur die Gesamtheit der Karotene und Bioflavonide und ihr Zusammenspiel den Krebsschutz bewirken. Die vielen Gesundheitsstoffe in Obst und Gemüse lassen sich nicht durch Präparate ersetzen.

Marillen sind ihres unvergleichlichen Geschmackes wegen aus der heimischen Küche nicht wegzudenken. Es gibt Hunderte Rezepte und Möglichkeiten, Obst zu verarbeiten. Hier ein paar Tipps oder Alternativen, die man bei Marillen anwenden kann:

## Marmelade

Üblicherweise verhindert ein hoher Zuckergehalt (über 50 %) die Bildung von Schimmelpilzen und Keimen. Marmeladen mit Zucker und Geliermittel, meist im Verhältnis Frucht : Gelierzucker 2 : 1, sind allseits bekannt. Man kann aber auch mit weniger Zucker auskommen oder z. B. Honig als Süßungsmittel verwenden.

### Schutz vor Schimmel

Um Marmelade mit geringem Süßungsanteil vor Schimmel zu schützen, ist Abbrennen eine einfache und wirkungsvolle Methode. Man gibt auf die leicht gelierte Oberfläche einen Esslöffel hochprozentigen Alkohol, zündet ihn an und verschließt sofort das Glas. Der verbrennende Alkohol verbraucht den enthaltenen Sauerstoff und verhindert die Schimmelbildung. Diese Marmeladen sollten nach dem Öffnen kühl gelagert und rasch verbraucht werden.

Da Honig oft einen intensiven Eigengeschmack hat, sollte man einen möglichst neutralen verwenden, z. B. Akazienhonig. Wenn Sie

Agar-Agar (2 bis 3 Esslöffel pro Kilogramm Frucht) als Geliermittel verwenden, können Sie zuckerfreie Marmelade herstellen.

## Kompott

Zum Einkochen muss den meisten Marillensorten, im Gegensatz zu Pfirsichen, die Haut nicht entfernt werden. Besonders geeignet sind festfleischige Sorten, da sie auch nach einem Jahr noch nicht zerfließen. Man erntet ja nicht jedes Jahr Marillen. Je nach späterer Verwendung können die Marillenhälften gezuckert oder ungezuckert eingelegt werden. Wichtig ist, so lange zu erhitzen, bis auch im Inneren der Gläser eine Temperatur von 75 bis 100 °C erreicht ist. Zur Verarbeitung dürfen nur vollreife, gesunde Früchte verwendet werden.

## Gedörrte Marillen

Beim Trocknen bzw. Dörren von Früchten handelt es sich um ein uraltes Verfahren, Lebensmittel haltbar zu machen. Den Marillen wird Wasser entzogen und die für den Verderb verantwortlichen Mikroorganismen finden keinen geeigneten Lebensraum mehr vor.

Wer häufiger dörren will, sollte über einen elektrischen Dörrapparat verfügen, der aus einzelnen, übereinander stapelbaren Gittern besteht. Dieser besitzt ein Thermostat, der die gewünschte Temperatur leicht regelbar bzw. während der gesamten Trocknungsdauer konstant hält. Damit die Haut nicht sofort hart und zäh wird und die Feuchtigkeit besser entweichen kann, sollte man mit ca. 40 °C beginnen. Nach ein bis zwei Stunden wendet man idealerweise das Dörrgut und erhöht die Temperatur auf 50 bis 60 °C. Hat man ausreichend Früchte getrocknet, verpackt man diese luftdicht. Kleine Mengen können auch im Backrohr getrocknet werden. Er wird auf ca. 50 °C eingestellt und die Tür einen Spalt offen gelassen (z. B. einen Kochlöffel einklemmen), damit die feuchte Luft entweichen kann. Getrocknete Marillen weisen im Vergleich zu frischen eine viel höhere Energie- und Nährstoffdichte auf. Zucker, Säuren, Mineralstoffe und Aroma werden konzentriert, nur Vitamin C geht zur Hälfte verloren. Der Wassergehalt wird von durchschnittlich 85 % auf ungefähr 10 bis 15 % reduziert. Trockenfrüchte, eventuell mit Nüssen gemischt, sind eine sehr gesunde „Kraftnahrung" und erleichtern die Konzentration und Aufmerksamkeit. Nicht umsonst ist diese Mischung ein beliebtes „Studentenfutter".

**TIPP** **Neben all den positiven gesundheitlichen Aspekten stillen zwischendurch verzehrte Trockenfrüchte übermäßige Gelüste auf Süßes.**

## Nektar oder Dicksaft

Bei Marillennektar gelangt das gesamte Fruchtfleisch zur Verarbeitung. Da dieses Fruchtmark sehr dick ist, muss es mit Wasser verdünnt und mit Zucker und Zitronensäure trinkfertig gemacht werden.Homogenen Marillennektar zu erzeugen, bei dem sich das Fruchtfleisch nicht absetzt, ist ohne dementsprechende technische Einrichtung nicht möglich. Wie beim Apfelsaftpressen und Füllen bieten einige professionelle Verarbeiter auch beim Marillennektar an, diesen im Lohn zu produzieren.

## Einfrieren

Da Marillen gefrostet ein sehr stabiles Aroma haben, eignen sie sich sehr gut zum Einfrieren. Damit sie nicht zusammenfrieren, legt man die entkernten Marillenhälften lose auf ein Blech in den Gefrierschrank. Sobald sie gefroren sind, füllt man sie in Gefrierbeutel. So kann man bei Bedarf auch einzelne Früchte für Marillenknödel oder Kuchen entnehmen und am besten gleich noch in gefrorenem Zustand belegen.

# Marillensorten für den Hausgarten

Österreichs Baumschulen bieten eine Vielzahl von altbewährten und neuen Marillensorten an. Mit dem Pflanzen verschiedener Sorten kann man die kurze Lagerfähigkeit von Marillen ausgleichen und über acht Wochen frische Früchte aus dem eigenen Garten ernten.

# Empfehlenswerte Marillensorten

Im naturnahen Garten stehen vor allem der Geschmack und die Robustheit gegenüber Krankheiten und Schädlingen im Vordergrund. Transportfestigkeit und Lagerfähigkeit, zwei wichtige Kriterien für eine Großhandelsproduktion, spielen im Garten nur eine sehr untergeordnete Rolle. Die Hauptsorte in der Wachau, und in fast allen österreichischen Baumschulen erhältlich, ist die Ungarische Beste. Sie hat sich von den alten Sorten sowohl im Weinbauklima als auch in den raueren Gebieten am besten bewährt. Da sie schon über 100 Jahre in Verbreitung und auch im osteuropäischen Marillenanbau die Hauptsorte ist, gibt es von ihr verschiedenste Klone und Herkünfte.

Diese Spielarten unterscheiden sich oft geringfügig in der Ausfärbung oder Qualität der Früchte, in der Wuchsstärke oder Blühintensität. Die Klosterneuburger Marille ist ein bewährter österreichischer Klon der Ungarischen Besten.

Die folgenden Sorten sind nach ihrer Reifezeit – beginnend von früh bis ganz spät reifend –, ohne Rücksichtnahme auf Alter oder Wertigkeit, geordnet. Die durchschnittliche Reifezeit bezieht sich auf den Standort Poysdorf in Niederösterreich und kann selbstverständlich von Jahr zu Jahr variieren.

Ebenso sind die durchschnittlichen Fruchtgrößen sehr vom Behang abhängig. In Klammer finden Sie das Fruchtgewicht in Gramm bei durchschnittlich guter Pflege und normalem Behang. Die Blütezeit bezieht sich nur auf die Obstart Marille. Selbst sehr spät blühende Marillensorten blühen vor den früh blühenden Kirschen-, Zwetschken- oder Apfelsorten.

**AURORA** **Herkunft:** USA; **Synonym:** 'Early Blush', 'Rutbarth'; **Reifezeit:** sehr früh, Mitte bis Ende Juni, 4 bis 5 Wochen vor 'Ungarischer Bester; **Frucht:** mittelgroß bis groß (35 bis 50 g), orange mit kräftig roter Wange, sehr attraktiv, säurebetont, sehr aromatisch, wird sehr schnell weich und kann reif nur kurze Zeit am Baum hängen; das Fruchtfleisch löst nicht mimmer gut vom Stein; **Blüte:** sehr früh, sehr reich blühend, selbstunfruchtbar; **Befruchter:** 'Goldrich', 'Sylvercot', 'Kittseer', 'Pinkcot', u.a.; **Baum:** wächst sehr stark, aber flach, verzweigt gut; **Anfälligkeiten:** anfällig für Bakterienbrand, frostempfindlich; **Allgemeine Beurteilung:** 'Aurora' ist in Österreich die am frühesten reifende Marillensorte. 'Aurora' ist sehr fruchtbar und geschmacklich sehr wertvoll (wie 'Ungarische Beste'). Wegen ihrer frühen Blüte und Bakterioseempfindlichkeit sollte sie nur auf guten Marillenstandorten gepflanzt werden.

Aurora

**Sylvercot** ❧ **Herkunft:** Frankreich, Pepinieres Escande; **Synonym**: 'Versyl'; **Reifezeit:** früh, Anfang Juli; **Frucht:** sehr groß (60 bis 80 g), leuchtend orange-rot, sehr attraktiv, färbt sehr früh, festfleischig, feines Marillenaroma, fällt bei Vollreife leicht vom Baum; **Blüte:** früh, reich blühend, selbstfertil; **Befruchter:** 'Aurora', 'Goldrich', 'Kittseer', 'Orangered'; **Baum:** wächst kräftig, breit; **Anfälligkeiten:** in guten Lagen sehr hohe Erträge, verlangt Ausdünnung, robust gegen Bakterienbrand; **Allgemeine Beurteilung:** 'Sylvercot' besticht durch ihre sehr großen, wunderschön gefärbten Früchte. Aufgrund ihrer frühen Reife und der guten Transport- und Lagerfähigkeit ist sie eine Hauptsorte im modernen Weinviertler Marillenanbau. Ihre hohen und regelmäßigen Erträge, die gute Baumgesundheit und ihre Fruchtqualität machen sie auch für den Hausgarten interessant.

Sylvercot

Pinkcot

**Pinkcot** ❧ **Herkunft:** Frankreich, Pepinieres Escande; **Synonym:** 'Cotpy'; **Reifezeit:** früh, zwischen 'Sylvercot' und 'Orangered'; **Frucht:** sehr groß (50 bis 90 g), leuchtend rot auf orangem Grund, besonders attraktiv, festfleischig, klassische Tafelmarille; **Blüte:** mittelspät, sehr reich blühend, teilweise selbstfruchtbar; **Befruchter:** 'Kioto', 'Bergarouge', 'Hargrand', 'Goldrich', u. a. **Baum:** wächst kräftig, halb aufrecht, verzweigt sehr gut; **Anfälligkeiten:** extrem reich tragend, verlangt konsequente Ausdünnung, bei Stress und zu hohem Fruchtansatz bakterioseanfällig, sonst robust, für kleine Baumformen; **Allgemeine Beurteilung:** 'Pinkcot' hat alle Attribute, die man von einer Frischmarktmarille verlangt. Sehr großfruchtig, sehr früh intensiv orangerot gefärbt und dadurch auch fest zu pflücken, was wiederum eine gute Lagerfähigkeit bewirkt. Auch im Geschmack befriedigen bereits die noch festen Früchte, obgleich sie ihr bestes Aroma auch nur entwickeln, wenn die Marillen bis zur Vollreife am Baum hängen bleiben dürfen. Die intensive Blüte macht sie sehr ertragssicher.

**FRÜHMARILLE AUS KITTSEE** ✿ **Herkunft:** Ungarn, Auslese aus der 'Frühen Ungarischen Gelben'; **Reifezeit:** früh, erste Früchte kurz vor 'Orangered', muss oft durchgeerntet werden; **Frucht:** klein bis mittelgroß (30 bis 40 g), hellgelb, sonnseitig schwach gerötet, Geschmack süß, feines Marillenaroma, wird rasch mehlig, platzt bei Regen gern; **Blüte:** früh, selbst unfruchtbar; **Befruchter:** 'Goldrich', 'Aurora', 'Sylvercot'; **Baum:** mittelstarker Wuchs, im Ertrag geringer als 'Ungarische Beste; **Anfälligkeiten:** benötigt Weinbauklima, nicht für niederschlagsreiche Gebiete; **Allgemeine Beurteilung:** die 'Frühmarille aus Kittsee' kommt im nördlichen Burgenland in vielen alten Marillengärten vor, oft als Populationsgemisch mit der 'Frühen Ungarischen Gelben'. Durch ihre Regenempfindlichkeit hat sie sich vor allem in sommertrockenen Gebieten bewährt. Aufgrund ihres zarten, saftigen Fruchtfleisches und des feinen Aromas ist sie sehr gut für die Verarbeitung geeignet, wegen ihrer Fruchtgröße auch als Knödelmarille.

Orangered

Frühmarille aus Kittsee

**ORANGERED** ✿ **Herkunft:** USA; **Synonym:** 'Bhart'; **Reifezeit:** früh, Anfang Juli; **Frucht:** mittelgroß bis groß (40 bis 55 g), leuchtend orange-rot, sehr attraktiv, gutes, feines Marillenaroma; **Blüte:** mittelspät, selbststeril; **Befruchter:** 'Hargrand', 'Harogem', 'Kioto', 'Ungarische Beste', 'Bergeron'; **Baum:** wächst stark, verzweigt gut; **Anfälligkeiten:** verlangt Fruchtausdünnung, um Alternanz zu vermeiden; sonst gesunder Baum, Sharka-resistent; **Allgemeine Beurteilung:** 'Orangered' besitzt eine sehr große klimatische Anpassungsfähikeit. Einerseits ist sie wie 'Bergeron' eine Sorte für nördliche Gebiete, andererseits hat sie auch in südlichen Ländern den Anbau mit Frühmarillen revolutioniert. Noch heute ist sie in Frankreich eine der bestbezahltesten Sorten und wird europaweit auf Großmärkten sehr gern gekauft. Auch in Deutschland, Südtirol und Österreich ist 'Orangered' wegen ihrer guten Fruchtqualität und der hohen Baumgesundheit weit verbreitet und in vielen Baumschulen erhältlich.

**GOLDRICH** ꕥ **Herkunft:** USA; **Synonyme:** 'Sungiant',' Jumbo Cot'; **Reifezeit:** mittelfrüh, Mitte Juli; **Frucht:** sehr groß (70 bis 90 g), kräftig orange, die frühe Färbung verleitet zum zu frühen Ernten, dann säuerlich, vollreif saftig mit angenehmem Marillenaroma; **Blüte:** früh, nur teilweise selbstfruchtbar; **Befruchter:** 'Aurora', 'Pinkcot', 'Sylvercot', 'Hargrand'; **Baum:** sehr stark und aufrecht, bringt sehr hohe Erträge; **Anfälligkeiten:** Bakteriose- und Sharkatolerant, daher sehr geringe Baumausfälle; **Allgemeine Beurteilung:** wie viele neue Sorten beginnt auch 'Goldrich' sich sehr früh kräftig orange zu färben, zu diesem Zeitpunkt schmeckt sie noch sauer und unreif. Lässt man sie am Baum vollreif werden, wird sie saftig, süß und sehr wohlschmeckend. 'Goldrich' ist besonders großfrüchtig. Aufgrund ihrer festen Früchte ist 'Goldrich' sehr manipulations- und transportfähig. Am meisten zu ihrer Verbreitung beigetragen hat ihre enorme Baumgesundheit. 'Goldrich' gilt als Sorte mit den geringsten Baumausfällen.

Goldrich

Ananasmarille

**ANANASMARILLE** ꕥ **Herkunft:** alte österreichische Sortenpopulation verschiedener Herkünfte; **Reifezeit:** mittelfrüh, Mitte Juli, verschiedene Herkünfte variieren etwas; **Frucht:** mittelgroß (35 bis 45 g), rund, blassgelb, sonnseitig bräunlich gelb und rot punktiert, weich und saftig, fein gewürzt, gut für Verarbeitung; **Blüte:** mittelfrüh und selbstfruchtbar; **Baum:** wächst mittelstark, ist widerstandsfähig und fruchtbar; **Anfälligkeiten:** Liebhabersorte für geschützte Lagen, Monilia-anfällig; **Allgemeine Beurteilung:** obwohl die 'Ananasmarille' sehr gute Verarbeitungseigenschaften aufweist, wurde vor allem von Schnapsbrennern der 'Ungarischen Besten' der Vorzug gegeben, da sie das würzigere, stabilere Aroma bringt. 'Ananasmarillen' sind nur mehr in sehr wenigen Baumschulen erhältlich, 'Brevira' ist eine neue deutsche Selektion aus der 'Marille von Breda', die dieser Sortengruppe zuzuordnen ist.

**KIOTO** ❧ **Herkunft:** Frankreich, Pepinieres Escande; **Reifezeit:** mittel, 2 bis 3 Tage nach 'Goldrich'; **Frucht:** bei guter Ausdünnung sehr groß, meist zu hoher Ertrag – dann mittelgroß (40 bis 70 g), färbt sehr früh leuchtend orange-rot, glattschalig, sehr attraktiv, festfleischig, Geschmack gut; **Blüte:** mittelspät bis spät, lange Blühdauer, macht sehr viele Blüten sowohl am kurzen als auch am langen Fruchtholz, selbstfruchtbar und sehr guter Befruchter; **Baum:** wächst kräftig und verzweigt gut; **Anfälligkeiten:** der hohe Blütenknospenansatz verlangt regelmäßigen Schnitt und Ausdünnung, ideal für kleine Baumformen, sehr winter- und blütenfrostfest; bei sehr späten Frösten, wenn schon Früchte und Blätter entwickelt sind, frostempfindlicher als viele andere Sorten; **Allgemeine Beurteilung:** 'Kioto' ist eine der winterfrostfestesten Marillensorten, extrem reichblühend und selbstfruchtbar. Trägt eine fruchtbare Marillensorte meist „Knospendrillinge" mit zwei Blütenknospen und einer Holzknospe in der Mitte, bringt 'Kioto' oft vier bis fünf Blütenknospen an einem Knoten. Ohne konsequente Ausdünnung leiden die Baumgesundheit und die Fruchtqualität. 'Kioto' ist eine wunderschöne, gute Tafelmarille.

Kioto

Kuresia

**KURESIA** ❧ **Herkunft:** Deutschland, Halle; **Reifezeit:** mittelspät, zweite Julihälfte; **Frucht:** mittelgroß (35 bis 50 g), orange und leicht gerötet, festfleischig, guter Geschmack; **Blüte:** mittelspät, reich blühend und selbstfruchtbar; **Baum:** wächst mittelstark, verzweigt gut; **Anfälligkeiten:** Sharka-immun; **Allgemeine Beurteilung:** 'Kuresia' ist in jeder Hinsicht eine überdurchschnittlich gute Marille. Guter Geschmack, angenehme Fruchtgröße, reichblühend, selbstfruchtbar, ausgeglichenes Wachstum und gute Baumgesundheit. Ihr größter Vorteil liegt in der Sharka-Immunität. Es gibt Regionen, in denen man aufgrund des hohen Sharkadruckes keine traditionellen, Sharka-empfindlichen Marillen- und Zwetschkensorten mehr pflanzen kann. In den österreichischen Marillenanbaugebieten hat man durch konsequentes Roden Sharka-befallener Bäume und strenge Baumschulkontrollen diese Viruskrankheit sehr gut in den Griff bekommen.

**HARGRAND** ❧ **Herkunft:** Kanada, Harrow; **Reifezeit:** mittelspät, zweite Julihälfte, kurz nach 'Goldrich'; **Frucht:** sehr groß (80 bis 100 g), pfirsichähnlich, mattorange, süß, dezentes Aroma; **Blüte:** mittelfrüh, nur teilweise selbstfruchtbar; **Befruchter:** 'Orangered', 'Bergarouge', 'Ungarische Beste', 'Kioto', 'Pinkcot', 'Goldrich'; **Baum:** mittelstarker Wuchs, neigt nach hohen Erträgen zu Baumausfällen; **Anfälligkeiten:** anfällig für Bakterienbrand, ESFY und Sharka; **Allgemeine Beurteilung:** 'Hargrand' fällt aufgrund ihrer enormen Fruchtgröße auf. Einzelne Früchte können über 200 g schwer werden. Sie ist eine klassische Tafelmarille, sehr süß mit feinem Aroma. Für die Verarbeitung fehlt ihr die intensive Würze wie man sie von der 'Ungarischen Besten' kennt. Für Liebhaber sehr großer Marillen wird sie noch lange ihre Berechtigung finden.

Hargrand

Bergarouge

**BERGAROUGE** ❧ **Herkunft:** Frankreich, INRA; **Synonym:** 'Avirine'; **Reifezeit:** mittelspät, mit 'Ungarischer Bester', lange Ernteperiode; **Frucht:** groß bis sehr groß (50 bis 70 g), sehr dunkel orange-rot gefärbt, feste, schöne Frucht mit klassischem Marillenaroma, breite Verwendbarkeit; **Blüte:** mittelspät, sehr reich blühend, selbststeril; **Befruchter:** 'Bergeron', 'Kioto', 'Hargrand', 'Orangered', 'Pinkcot', 'Tardicot; **Baum:** starkwüchsig, verzweigt sehr gut, bringt sehr hohe Erträge; **Anfälligkeiten:** benötigt einen Befruchter, sonst sehr dankbare, gesunde Sorte; **Allgemeine Beurteilung:** 'Bergarouge' ist eine Kreuzung aus 'Orangered' x 'Bergeron" und hat somit sehr gute Eltern für späte Anbaugebiete wie Österreich. Sie hat die schöne Optik von 'Orangered' geerbt, den würzigen Geschmack und das Aroma von 'Bergeron'. Dies macht sie sowohl als Tafelmarille wie auch als Verarbeitungssorte interessant.

**KLOSTERNEUBURGER MARILLE/ UNGARISCHE BESTE** ❧ **Herkunft:** österreichische traditionelle Hauptsorte; **Reifezeit:** mittelspät, zweite Julihälfte; **Frucht:** groß (45 bis 55 g), rund bis oval, orange mit roter Backe, typisches, intensives und würziges Marillenaroma, beste Sorte für die Verarbeitung, reift etwas ungleichhälftig; **Blüte:** mittelspät, selbstfruchtbar, fruchtet nicht am einjährigen Langtrieb, daher setzt der Ertrag später als bei modernen Sorten ein; **Baum:** wächst mittelstark, alterniert nach hohen Erträgen gern; **Anfälligkeiten:** anfällig für Fruchtfäule und Monilia-Spitzendürre; **Allgemeine Beurteilung:** hat aufgrund ihrer hervorragenden Fruchtqualität noch lange ihre Berechtigung im Hausgarten, für extensive Baumformen geeignet. Ursprünglich ist die 'Klosterneuburger Marille' ein großfruchtige, gut gefärbte Selektion aus der 'Ungarischen Besten'. In den letzten Jahrzehnten wurden aber aus der 'Ungarischen Besten' verschiedene neue Klone selektiert, die z. B. blühfreudiger sind, nicht so ungleichhälftig reifen oder besser gefärbt sind. Das Wichtigste ist, dass das Vermehrungsmaterial virusfrei erhältlich ist.

Klosterneuburger Marille/Ungarische Beste

Harlayne

**HARLAYNE** ❧ **Herkunft:** Kanada, Harrow; **Reifezeit:** mittelspät, zweite Julihälfte; **Frucht:** klein bis mittelgroß (30 bis 40 g), kräftig orange gefärbt, Geschmack gut, süß, festfleischig, ideale Knödelmarille und für Kompott; **Blüte:** mittelspät, selbstfruchtbar und sehr robust, guter Befruchter; **Baum:** wächst kräftig und breit, sehr gesunder Baum; **Anfälligkeiten:** robust gegen Monilia und Bakterienbrand sowie Sharka-resistent; **Allgemeine Beurteilung:** ‚Harlayne' ist bezüglich Baumgesundheit und Blütenfrostfestigkeit eine sehr interessante Sorte. Auch ihre Robustheit gegen Monilia macht sie für den Hausgarten und den biologischen Anbau interessant. Leider ist die Fruchtgröße etwas bescheiden, was eine große Verbreitung im Erwerbsanbau verhindert.

**KREMSER ROSENMARILLE** ('Späte Rosenmarille') ❧ **Herkunft:** wie bei vielen sehr alten Sorten handelt es sich bei der 'Kremser' um eine Sortenpopulation mit ähnlichen Eigenschaften; **Reifezeit:** spät, 8 bis 10 Tage nach 'Ungarischer Bester'; **Frucht:** mittelgroß bis groß (35 bis 50 g), orange mit sonnseitig roter Backe, Geschmack gut, etwas weniger saftig und würzig als 'Ungarische Beste', wird bei Überreife mehlig; **Blüte:** mittelspät, selbstfruchtbar; **Baum:** Wuchs mittelstark, robust, Ertrag mittel; **Anfälligkeiten:** ähnlich der 'Ungarischen Besten'; **Allgemeine Beurteilung:** die 'Kremser Marille' steht noch immer in vielen alten Marillenanlagen in der Wachau. Da der große Wert dieser Sorte in den guten Verarbeitungseigenschaften liegt, aber die 'Ungarische Beste' oder die 'Klosterneuburger Marille' vor allem im Schnaps das würzigere und stabilere Aroma bringen, wurde bei Neuauspflanzungen in den letzten Jahrzehnten diesen beiden Sorten der Vorzug gegeben. Im Hausgarten wird die 'Kremser' aber noch lange ihre Berechtigung finden.

Kremser Rosenmarille

Bergeron

**BERGERON** ❧ **Herkunft:** Hauptsorte in Frankreich; **Reifezeit:** spät, Anfang August; **Frucht:** groß bis mittelgroß (40 bis 55 g), orange mit karminroter Deckfarbe, sehr gutes, würziges Marillenaroma, für alle Verarbeitungsstufen gut geeignet; **Blüte:** mittelspät bis spät, selbstfruchtbar; **Baum:** mittelstarker und aufrechter Wuchs, Ertrag setzt etwas verzögert ein, dann hoch und regelmäßig; **Anfälligkeiten:** anfällig für Bakterienbrand, verträgt raues Klima besser als 'Ungarische Beste'; **Allgemeine Beurteilung:** 'Bergeron' ist eine weit verbreitete Marillensorte in nördlichen Anbaugebieten. Aufgrund ihrer breiten Verwendbarkeit als Verarbeitungs- und Tafelmarille wird sie noch lange ihre Berechtigung finden. Ihre späte, selbstfruchtbare Blüte und der eher kleine Baum machen sie auch für Einzelpflanzungen in kleinen Gärten interessant. Wegen ihrer späten Reife, ihrer sehr breiten Verwendbarkeit und der guten Manipulations- und Transportfähigkeit ist 'Bergeron' eine unserer wichtigsten Marillensorten im Großhandel.

## KECZKEMETER ROSENMARILLE

**Herkunft:** Ungarn; **Synonym:** 'Tiroler Spätblüher', 'Mariazeller Rosenmarille'; **Reifezeit:** spät, Anfang August, zwei Wochen nach 'Ungarischer Bester'; **Frucht:** mittelgroß (40 bis 45 g), oval bis rund, orange mit intensiver Rötung, süß mit wenig Säure, festfleischig mit gutem Marillenaroma, sehr breite Verwendbarkeit; **Blüte:** spät und selbstfruchtbar, beginnt spät zu fruchten; **Baum:** wächst mittelstark, mittelhohe, relativ regelmäßige Erträge, sehr gesund; **Anfälligkeiten:** anfällig für Bakterienbrand, sonst sehr robuste Spätsorte; **Allgemeine Beurteilung:** die 'Keczkemeter Rosenmarille' erfährt vor allem im Waldviertel als 'Tiroler Spätblüher' eine neue Verbreitung. Im Hausgarten stellt sie eine gute Ergänzung oder Alternative zur 'Ungarischen Besten' dar, auch zur Verlängerung der Marillensaison.

Keczkemeter Rosenmarille

Tardicot

**TARDICOT** **Herkunft:** Frankreich; **Reifezeit:** sehr spät, Mitte August, 5 bis 8 Tage nach 'Bergeron'; **Frucht:** groß (45 bis 55 g), orange mit sonnseitig roter Backe, attraktiv, festfleischig, Geschmack sehr gut, wie 'Bergeron', Platzfestigkeit besser als 'Ungarische Beste' und ‚Bergeron', lange Ernteperiode; **Blüte:** spät, nach 'Ungarischer Bester' und 'Bergeron'; **Baum:** wächst mittelstark bis stark, steiler Astabgang; **Anfälligkeiten:** anfällig für Bakterienbrand, sonst sehr robuste Spätsorte; **Allgemeine Beurteilung:** 'Tardicot' ist zurzeit die interessanteste Sorte um die Marillensaison zu verlängern. Fruchtgröße, Aussehen, Geschmack, Lagerfähigkeit und ihre breite Verwendbarkeit machen sie gleichermaßen für den Erwerbsanbau und den Hausgarten empfehlenswert. Der größte Nachteil von 'Tardicot' ist der sehr aufrechte, kräftige Wuchs, der in der Jungbaumerziehung nicht immer einfach ist und oft einen erhöhten Formier- und Arbeitsaufwand durch Binden, Pinzieren und Schneiden erfordert.

## Marillensorten – eine Übersicht

| Sorte | Reife | Fruchtgröße | Geschmack |
|---|---|---|---|
| Ananasmarille | mittelfrüh | mittelgroß, 35 bis 45 g | saftig, fein gewürzt |
| Aprikose von Nancy | mittelfrüh | groß, 40 bis 55 g | mild, angenehm gewürzt |
| Aurora | sehr früh | mittelgroß bis groß 35 bis 50 g | säurebetont sehr aromatisch |
| Bergarouge | mittelspät | groß bis sehr groß 50 bis 70 g | klassisches Marillenaroma |
| Bergeron | spät | mittelgroß bis groß 40 bis 55 g | sehr gutes, würziges Marillenaroma |
| Clarina | spät | groß bis sehr groß 50 bis 80 g | saftig, aromatisch |
| Frühmarille aus Kittsee | früh | klein bis mittelgroß 30 bis 40 g | süßes, feines Marillenaroma |
| Gelbe Wachauer Marille | mittelfrüh | mittelgroß, 35 bis 45 g | süß, saftig, intensiv gewürzt |
| Goldrich | mittelfrüh | sehr groß, 70 bis 90 g | bei früher Ernte säuerlich, sonst saftig, angenehm |
| Hargrand | mittelspät | sehr groß, 80 bis 100 g | süß, dezentes Aroma |
| Harlayne | mittelspät | klein bis mittelgroß 30 bis 40 g | süß, fest, feines Aroma |
| Harogem | mittelspät | mittelgroß bis groß 35 bis 55 g | gut, angenehm gewürzt |
| Heidesheimer Frühe | mittelfrüh | mittelgroß, rund 35 bis 45 g | saftig, feines Aroma |
| Hilde | mittelspät bis spät | mittelgroß bis groß 45 bis 70 g | saftig, aromatisch |
| Keczkemeter Rosenmarille | spät | mittelgroß, 40 bis 45 g | süß, wenig Säure |
| Kioto | mittel | groß, 40 bis 70 g | gut, fest |
| Klosterneuburger Marille | mittelspät | groß, 45 bis 55 g | intensiv, würzig |
| Kremser Rosenmarille | spät | mittelgroß bis groß 35 bis 50 g | gut, saftig, würzig |
| Kuresia | mittelspät | mittelgroß, 35 bis 50 g | gut, angenehm gewürzt |
| Luizet | mittelspät | mittelgroß bis groß 40 bis 45 g | intensives Marillenaroma |
| Orangered | früh | mittelgroß bis groß 40 bis 55 g | gutes, feines Marillenaroma |
| Pinkcot | früh | sehr groß, 50 bis 90 g | gut, klassische Tafelmarille |
| Sylvercot | früh | sehr groß, 60 bis 80 g | feines Marillenaroma |
| Tardicot | sehr spät | groß, 40 bis 55 g | sehr gut |
| Ungarische Beste | mittelspät | groß, 45 bis 55 g | intensiv gewürzt |

## Bildquellen

Umschlag: Robert Schreiber

Inhalt: Monika Adamczyk – Fotolia.com: S. 66; Vincent Andriessen – Fotolia.com: S. 6 oben; Fyle – Fotolia.com: S. 12 oben; Werner Gamerith: S. 4/5, 8; Lichou, L'abricotier, 1989: S. 6 unten; Bildagentur Redeleit: S. 30 oben, 44 unten, 62/63; Rosemary Robenn – Fotolia.com: S. 9 unten; Robert Schreiber: S. 3, 6 unten, 7, 9 oben, 10/11, 12 unten, 13, 14, 16, 18, 19, 20/21, 22, 23, 24, 25, 26, 27, 28, 29, 30 unten, 31, 32, 36, 37, 38, 40, 41, 44, 45, 46, 47, 48, 49, 52, 53, 54, 55, 56, 57, 58, 59, 60, 61, 64, 65, 68/69, 70 unten, 71–78; Thinschmidt & Böswirth: S. 15, 33, 34/35, 42/43, 50/51, 70 oben

## Verwendete Literatur


Eipeldauer, Herbert/Schreiber, Robert: Obstbaumschnitt. Bewährtes und Neues. Leopoldsdorf: Österreichischer Agrarverlag, 2003

Gaber, Roland: Äpfel für den Hausgarten. Wien: Österreichischer Agrarverlag, 2006

Holzförster, Heidrun: Obstgehölzschnitt. Stuttgart: Franckh-Kosmos Verlag, 2003

Keppel, Herbert/Pieber, Karl/Weiss, Josef/Hiebler, Adolf: Obstbau. Anbau und Verarbeitung. 2. Aufl. Graz: Leopold Stocker Verlag, 1998

Lichou, Jean: Abricot. Les variétés, mode d'emploi. Paris: Ctifl, 1998

Löschnig, Josef/Passecker, Fritz: Die Marille (Aprikose) und ihre Kultur. Wien: Österreichischer Agrarverlag, 1954

Osaer, Albert/Vaysse, Pierre/Berthoumieu, Jean François/Audubert, Alain/Trillot, Michel: Gel de printemps. Protection des vergers. Paris: Ctifl, 1998

Strauß, Eduard/Novak, Rudolf: Obstbau Praxis. 2. Aufl. Klosterneuburg: Österreichischer Agrarverlag, 1998

Wurm, Lothar/Bachinger, Karl/Rögner, Josef/Schreiber, Robert/Pieber, Karl/Spornberger, Andreas: Marillen/Aprikosen. Anbau – Pflege – Verarbeitung. Leopoldsdorf: Österreichischer Agrarverlag, 2002



IMPRESSUM





E-Mail: buch@avbuch.at, Internet: www.avbuch.at

Die Deutsche Bibliothek – CIP-Einheitsaufnahme

Die Deutsche Bibliothek verzeichnet diese Publikationen in der Deutschen Nationalbibliografie; detaillierte bibliografische Daten sind im Internet über http://dnb.ddb.de abrufbar.





**Projektleitung:** Brigitte Millan-Ruiz, avBUCH
**Redaktion:** Sarah Legler, Wien
**Satz:** Jürgen Ehrmann, media-solutions.at
**Umschlag:** Ravenstein + Partner, Verden
**Illustrationen:** Monika Biermaier, Untertullnerbach
**Bildreproduktion:** Hantsch & Jesch OEG, Wien

**Druck und Bindung:** Westermann Druck, Zwickau
Printed in Germany

ISBN: 978-3-7040-2277-6